속후,
그 그리운 이름

이 글을 부모님께 바칩니다.

조은하 수필집

속후,
그 그리운 이름

한강

| 수필집을 내면서 |

사람이 살아가는 세상에서 어느 시대인들 힘들지 않은 때가 있었겠는가마는 그중에서도 특히 외침(外侵)이 끊이지 않았던 우리나라에 있어서야 더 말해 무엇하랴.

나라마저 잃어 가던 그 시대 사람들은 가혹한 착취에 시달리며 통한 속에 목숨마저 잃어야 했다. 그 속에서 자라나고 있었던 아이들은 또 얼마나 굶주림과 공포에 떨었을까.

그러한 암울한 시대에 작가 김소운(金素雲) 선생님은 일본에서 작가 활동을 하신 분이다.

1933년 그는 『조선동요선(朝鮮童謠選)』이라는 문고판(文庫版)을 내놓았다. 우리나라 전래(傳來)의 동요를 일본어로 번역한 것으로 일본의 이와나미서점[岩波書店]에서 발행했다. 1977년 11쇄(刷)를 거듭한 역자(力作)이다.

"내 향토(鄕土)의 어린 마음 위에" 직역(直譯)

이 한 줄로 첫 페이지를 장식하고, 그는 〈조선의 아동들에게 서(序)에 대신하여〉라는 제하에 긴 장문의 서문을 써 내려간다.

거의 격문(檄文)에 가까운 비장감으로 꽉 찬 서문은 "너희들의 사명이 무겁다." "아침의 미풍이 너희들을 부른다." "창공은 너희들 위에 있다."로 끝맺는다.

우리들을 향해 내일을 다짐하고 또 다짐하며 가슴 아파하는 회오에 찬 그 마음을 읽으며 나는 소리 내어 울었다.

책의 후기에는 이렇게 쓰여 있다.

"깊은 밤 눈물을 삼키며 나는 이 자서(自序)를 초(草)했다."

그 세대 세대마다 겪으며 살아야 했던 고난과 한을 어찌 다 말로 할 수 있겠는가.

그 어떤 작은 결기마저 보여 주지 못한 부패하고 무능하기 짝이 없는 위정자들 덕에 우리는 얼마나 잔인한 인간 이하의 굴욕을 겪으며 빈곤 속에 허덕여야 했던가.

증오를 넘어 경멸하게 되는 그들이다.

이제는 기억의 뒤안길로 사라져 간 대통령 이승만 박사는 가차없이 이왕족(李王族)을 낙선재에서 퇴거시켜 버렸다. 또 입국하려는 일부 왕족도 그 입국을 끝내 허락하지 않았다.

우리는 일본의 세력이 한창 팽창해가던 1930년대에서 1940년대 초 사이에 태어난 세대로 우리나라가 따로 있었던 것조차 몰랐다.

우리는 일본 군가를 소리 높이 부르며 등하교를 하고 학교에서는 일본말로 말하고 집에서는 우리말을 하는 그 상황을 이상하다고 생각할 줄조차 몰랐다. 그 당시 누가 우리들에게 그 상황을 감히 이야기해 줄 수 있었겠는가.

해방을 맞이한 우리는 비로소 나라를 가진 어린이가 되었다.

학교에서는 우리글을 배우고 집집마다 태극기를 만들고, 우리는 태극기를 흔들며 거리를 누볐다.

우리는 희망에 부풀어 학교에서나 집에서나 거리에서나 매일매일이 새로운 날들로 의기가 하늘까지 날아올랐다.

우리는 키도 한 뼘이나 자라나면서 어린이에서 소녀기로 접어들었다.

소녀는 밤낮으로 꿈을 꾸기 시작했다. 마치 하늘에서나 살고 있는 것처럼 그 꿈은 고결하기만 했다. 소년·소녀기는 꿈으로 지새는 시기다.

그러던 우리에게 참혹한 6·25동란이 닥쳐오고 우리들의 소년·소녀기는 미처 끝나기도 전에 산산조각이 나고 말았다. 뒤이어 찾아올 질풍노도의 청년기는 우리에게는 공허한 사치일 뿐.

폐허 위에서 살아내야만 하는 급박한 상황에 처한 우리는 청년기를 그대로 뛰어넘어 생활을 헤쳐 나가는 어설픈 어른 세대로 곧바로 진입해 갔다.

우리는 한 세대를 뛰어넘은 기형적인 세대다. 그러나 우리보다 앞선 세대는 아예 잃어버린 세대로 불린다.

그들은 포화 속에 사라져 간 세대다.

우리는 그들에게 어떻게 속죄해야 할까?

지금 우리의 후세대는 세계를 향해 나아가고 있는 대단히 당당하고 믿음직한 세대다. 우리는 믿는다. 자랑스러운 그들이 앞으로 훌륭히 이 나라를 이끌어 주리라는 것을….

다만 오늘을 이루고 있는 그 초석에는 지나간 모든 전(前)세대의 갖은 희생이 깃들어 있다는 것을 기억해 주기 바란다.
 그리고 수많은 젊은 생명들이 바쳐졌음을 후세대는 잊지 말아 주기를 바란다.

 수필집이 발간되는 데 있어 손수 삽화를 그려 책을 장식해 주고 또 표지화를 그려 준 우리 작은외할아버지 손녀 주숙경 화가에게 감사드립니다. 아울러 문학공간사 편집부에도 깊이 감사드립니다.

2018년 11월
조은하

차 례

□ 수필집을 내면서

제1부
남으로 가는 길

:: 속후(俗厚), 그 그리운 이름 — 꿈을 꾸는 아이들 봄·여름 · 13
:: 속후(俗厚), 그 그리운 이름 — 꿈꾸던 아이들은 가을·겨울 · 20
:: 청호당 할아버지 · 31
:: 소년의 미소 · 40
:: 유년의 강 · 47
:: 감격의 수업(授業) · 52
:: 남(南)으로 가는 길 · 59
:: 꿈길 · 66

제2부
숲의 소리

:: 이름 모를 귀한 풀 · 75
:: 들판의 비애 · 78
:: 그해 유월의 광릉수목원 · 83

∷ 사나이와 갈매기 · 88

∷ 소요산에 비는 내리고 · 94

∷ 소요산에 부는 바람 · 99

∷ 신탄리(新炭里)의 봄 · 104

∷ 숲의 소리 · 109

∷ 무심히 바라본 돌 하나 · 115

∷ 들판에 바람이 불면 · 119

제3부

행복과 불행의 차이

∷ 행복과 불행의 차이 · 125

∷ 그 시대 사람들 · 130

∷ 자유의 날개를 달고 · 135

∷ 두 소녀 · 139

∷ 그 아이 · 143

∷ 예단포 배꽃 · 147

:: 그대 지금 어디쯤 가고 있는가 · 151

:: 어느 한 권의 책 · 155

:: 정을 주던 역(驛) · 163

제4부
내 살아가는 의미

:: 슬픈 전시회 · 171

:: 운보 찻집 · 174

:: 북한산 골짜기에 울려 퍼진 폭소 · 179

:: 이름은 운명인가 · 186

:: 일본 인형·1 · 192

:: 일본 인형·2 · 196

:: 아! 동문수덕호(同門修德號) · 200

:: 내 살아가는 의미 · 205

:: 늙소화는 피고 지고 · 210

:: 만학(晩學) · 215

속후(俗厚), 그 그리운 이름
— 꿈을 꾸는 아이들 봄·여름

　이 글을 쓰려고 나는 몇십 년을 아니 거의 일생을 벼르면서 고심했다. 그렇게 이 글이 내게는 힘들었다.
　지나치게 집착하는 깊은 사랑과 벅차게 차오르는 그리움은 감성마저 압도해 버려 나는 한 줄 글로조차 풀어내지 못하고 세월만 흘려버리고 말았다.
　이제 그 세월에 쫓기는 나이가 되어 버린 나는 쓰지 않을 수 없게 되었다.
　속후(俗厚)는 우리 외조부님의 터전이다.
　어머니는 어린 나를 데리고 외가가 있는 이곳으로 이사를 했다.
　오랜 세월이 흐른 지금도 나는 속후에서 맞은 그 첫 밤을 또렷이 기억한다.
　어머니와 큰외삼촌은 어둠 속에서 도란도란 이야기를 하시고 나는 엄마 곁에 누워 어른어른 창살이 비치는 희끄무레한 창문만

쳐다보고 있었다. 모두가 낯설고 기이하기만 한데 큰외삼촌이 아주 작은 소리로 속삭이듯 말한다.

"가만히 들어봐라 무슨 소리 들리지?" 나는 숨죽였다.

"쏴아쏴아 하는 소리 들리지?" 나는 귀를 한껏 모았다.

아! 들린다. 내게도 들렸다. 쏴아쏴아 가늘게 들리는 소리, 캄캄한 방에 누워 처음 들은 아득하게 들려오는 소리!

'신비로운 그 소리는 내가 태어나 처음 들은 파도 소리다.'

드디어 내가 첫 등교하는 날이 왔다.

어머니는 아침 일찍부터 내 치장에 바쁘다. 하얀 실크타이가 나비처럼 나풀거리는 세일러복에 신지 않던 구두까지 꺼내 신고 큰아버지 손잡고 학교로 갔다.

드르륵 문 열고 들어간 교실에는 시커먼 할아버지 선생님이 우뚝 서 계셨다. 거기에다 검은테 안경까지 쓰셨다.

어찌나 무섭던지 겁을 잔뜩 먹고 앉아 있던 내게는 선생님의 호명까지도 들리지 않았다. 얼떨결에 일어난 나는 숨가쁘게 낭송했다.

"제2과(課) 개나리.

개나리 개나리 개나리가 피었다.

노란 노란 개나리가 피었다.

울타리 위에도 산기슭에도 개나리가 피었다.

노란 노란 개나리가 피었다."

물론 일본 글이다. 너무 빠르다는 선생님의 지적을 끝으로 수업도 끝났다.

그런데 아이들이 웅성웅성힌다. 큰소리로 읽은 내 낭독이 문제가 된 것이다. 그러나 내 낭독은 그 후에도 어머니의 말씀대로 당당하게 이어졌다.
 다음 날 우리 반에는 예쁜 일본 여선생님이 오셨고 교실의 환경은 확 바뀌었다.
 선생님은 도화(圖畵) 시간에 우리들을 데리고 야외로 나갔다.
 언덕은 넓고 풀밭은 따뜻했다.
 멀리 파란 논과 밭이 보인다. 집들도 조그맣게 보인다. 난생처음 보는 광경이다.
 내가 살고 있는 마을을 내려다본다는 이 놀라운 사실은 내게 있어 크나큰 하나의 사건이었다.
 한없이 넓은 부드러운 녹색의 들판도 그때 처음 보았다. 어린 마음에도 느껴졌던 온화한 마을 풍경은 오랜 세월이 흘렀음에도 그 단아했던 모습이 잊혀지지 않는다.
 얼마 후 우리는 선생님을 따라 또 어디론가 가고 있었다. 햇볕이 간간이 새어드는 소나무 숲길을 한참 가고 있는데 숲 사이로 하얀 호수가 나타났다.
 호수는 고요하고 백조 두 마리 그 위에 조용히 떠 있었다.
 백조도 호수도 처음 본 나는 모두가 그저 놀랍고 신기할 뿐이다.
 호숫가에는 보랏빛 꽃들이 피어 있는 내 키만 한 풀들이 무리지어 서 있었다.
 봄은 산에서 먼저 온다.
 아이들은 산에 핀 진달래꽃을 따먹고 집으로 돌아가는 아저씨는 지게에 진달래를 꽂았다. 흔들흔들 진달래가 흔들거리며 마을 앞을 가고 있다.
 온 마을이 복숭아꽃으로 화사해지기 시작하면 봄은 벌써 떠나간다.

 이어 찾아오는 여름!
 속후의 여름은 참으로 황홀했다.
 일직선으로 하늘과 닿아 있는 수평선, 무한대로 열려 있는 거침없는 북쪽의 짙푸른 동해바다는 작열하는 태양 아래 찬란하게 파도친다.
 이 파도 속에서 우리 큰외삼촌은 헤엄을 친다. 여름이면 큰외삼촌은 하루 종일 바다에서 보낸다.
 큰외삼촌은 파도에 휩쓸려 익사 직전에 있는 아이를 헤엄쳐 들어가 구출해 내기도 했다.
 큰외삼촌은 운동이며 음악이며 미술이며 모두가 만능이었다.
 그런 큰외삼촌이 조무래기인 작은외삼촌과 내게는 하늘보다 높았다.
 여름이면 나도 단짝인 채죽이와 같이 자주 바다에 갔다.
 집에서 3리나 되는 길을 타박타박 걸어서 간다. 몇 집 안 되는 어촌마을 옆을 지나 조그마한 언덕길을 넘으면 바다가 나온다. 우리는 "바다다아." 함성을 지르며 바다로 내달린다.
 섬 하나 없는 탁 트인 망망한 바다와 그 위에 펼쳐진 광대무변의 하늘, 우렁찬 소리를 내며 밀려왔다 밀려가는 파도, 갈매기조차 보이지 않는 바닷가에는 움직이는 생명체라고는 우리 둘뿐이다.
 무한의 우주 공간 같은 그 속에서 개미 새끼만 한 두 아이가 뛰어다녔던 음산한 그날의 바다를 회상할 때면 나는 장엄한 대초의 바다를 연상하게 된다.

바닷가 모래산 기슭에는 풀들이 자라고 있다. 군데군데 해당화가 바람에 하늘거리고 풀밭 속에는 잎이 도톰한 이름 모를 풀들이 꽃처럼 돋아 있다.

아, 아름다운 우리들의 정원이여!

우리는 바닷가에서 실컷 놀고는 다시 논두렁 밭두렁을 지나 신작로길을 걸어 집으로 돌아온다.

그때 아이들은 자연이 그대로 놀이터였다. 아이들은 튼튼하고 활달했다.

속후는 집집마다 과실나무 한두 그루씩은 있었다. 특히 복숭아 나무가 많았는데 꽃이 필 때면 우리 외가의 뒤울안은 꽃으로 뒤덮여 일대 장관을 이룬다.

속후는 생선도 풍부한 고장이어서 털게가 나오는 철이면 외할머니는 큰 가마솥에 털게를 가득히 찐다. 커다란 함지박에 담아 놓고 식구들이 빙 둘러앉아 먹기도 한다.

소소한 이러한 일상들을 같이했던 가족이라는 정 깊은 울타리가 새삼 그립게 떠오른다.

그 울타리가 인간사회에서 얼마나 귀한 가치를 지니고 있는가 싶이 깨닫게 되는 요즘의 세태다.

마을에서 한참 가면 울창한 소나무 숲이 있다.

숲에 들어가면 소나무에는 물방울 같은 송진 방울이 햇빛에 반짝이며 달려 있다.

숲속 깊숙이에서 새들이 우짖고 은은한 솔향이 숲을 감돈다. 개미들이 부지런히 소나무를 오르내리고 귀여운 곤충들이 숲속을 기어다닌다. 아이들은 그 속에서 마음껏 뛰논다.

숲의 정령(精靈)은 아이들을 지켜 주고 그리고 아이들을 건강하게 키워 준다.

채죽이와 나는 오늘도 붙어다녔다.

채죽이네 밭에서 한나절을 새를 모는데 얄미운 새들은 쫓아도 쫓아도 날아온다. 훠어이 훠어이 둘이 목청껏 소리지르면 새들은 후루룩 날아올랐다가는 어느새 또 내려와 조이삭에 앉아 있다. 우리도 질세라 훠어이 훠어이 목청을 돋운다.

둔덕 위 포플러나무에서는 매미가 서늘하게 울고 우리는 그늘을 따라 이리저리 옮기다가 또다시 높이높이 목청을 뽑고는 자리 털고 일어난다.

새몰이를 끝낸 우리는 노래를 부르며 마을로 돌아온다.

마을에는 저녁연기 피어오르고 두고 온 밭에는 석양이 천천히 내려앉는다.

그때 농촌 아이들은 유장한 자연을 닮아서일까 투정도 부릴 줄 모르는 늘 순응하며 살아가는 너그러운 아이들이었다.

즐거운 여름 방학이 거의 끝나갈 무렵 나는 큰외삼촌에게 방학 숙제인 그림을 부탁드렸다.

큰외삼촌은 햇빛 부서지는 금빛 파도 위에 돛단배 하나가 떠 있는 멋진 속후 바다를 그려 주셨다.

개학하는 날 나는 아주 자랑스럽게 선생님께 제출했다. 그런데 이런 일이 일어날 줄이야.

이튿날 학교에 갔더니 내 그림이 교실 중앙에 그것도 단독으로 붙어 있지 않은가.

아이들이 수근대고 나는 진땀을 뺐다.

여름 내내 놀기에 바빴던 내게는 대단히 분주다사하고 재미있고 그리고 즐겁기만 한 여름 방학이었다.

방학이 끝나고 그해 여름도 그렇게 지나갔다.

속후(俗厚), 그 그리운 이름
—꿈꾸던 아이들은 가을·겨울

농촌의 가을은 힘차고 풍요롭다.

탈곡기 돌아가는 소리 요란하고, 볏낟가리는 산처럼 쌓인다. 어른들은 바삐 움직이고 아이들도 일손을 돕는다. 작은외삼촌과 나도 볏단을 나르느라 뛰어다닌다. 일은 저녁 늦게까지 계속된다.

집집마다 추수를 서두른다. 일제 강점기 하에 세계 제2차 대전까지 겹쳐 우리는 온갖 방법으로 저들에게 착취당하고 있었다. 특히 농촌은 공출(供出)이라는 제도로 쌀 수탈이 혹독했다.

우리네 농가에서는 조금이라도 덜 뺏기려고 밤늦게까지 일하며 추수를 서둘렀다.

우리 이모는 그때 흥남에서 사셨는데 자주 오셔서 쌀을 보따리에 숨겨 조금씩 가져가곤 했다. 적은 양의 쌀 반출도 허용되지 않는 공포의 시대였다.

우리는 이모가 돌아갈 때면 역에 배웅 간다. 이모가 역 개찰구를 무사히 통과할 때까지 늘 조마조마했다. 역에는 쌀 반출을 감시하는 사람이 지키고 있다고 했다.

우리 외가에서 농사지은 쌀은 독특한 향기가 났다. 나는 지금도 그 쌀밥의 향기를 잊지 못한다. 속후를 떠난 후 다시는 그런 쌀밥을 먹어 보지 못했다. 근래에 와서야 벼 품종에 향기 나는 향미(香味)가 있다는 것을 알게 되었다.

우리 외할아버지는 직접 농사를 짓지는 않았지만 논에 자주 나가시고 집 앞 채소밭은 외할아버지께서 직접 경작하는 텃밭이었다.

봄에 밭의 흙을 고를 때는 우리 식구 모두가 나가서 돌도 고르며 할아버지와 같이 일해야 했다. 모든 일에 적극적이고 진취적인 외조부님은 머리띠를 질끈 동여매고 탈곡기를 직접 돌리기도 했다.

추수 때는 어린 우리들도 반드시 참여하게 했다.

외할아버지는 농사 전문가도 아니시면서 그 당시 과감히 벼 품종을 새 품종으로 바꿔 가며 앞서가는 경작을 시도하는 그 용기는 지금 생각해도 놀랍다.

속후는 모래가 많은 고장이다.

마을에 들어서면 자연스레 만들어진 고불고불한 골목길은 굵은 금모래로 덮혀 있다. 모래는 마을 어디를 가나 깔려 있다. 그렇게 모래가 많다는 것은 혹시 먼먼 옛날 바다기 이곳까지 들이와 있었던 것은 아닐까?

상상은 점점 깊어 가더니 나중에는 선사시대까지 올라간다.

다정하게 앉은 초가집과 기와집은 서로 어우러져 은은히 조화롭고, 과실수가 많아 꽃이 피고 열매 맺고, 마을은 소박하면서도 풍성한 넉넉함을 보여 준다.

그곳에 사는 사람들도 유연한 그 자연처럼 수수하고 묵직하다.

속후는 손꼽히는 팔경(八景)이 있다고 할 정도로 자연 경관이 뛰어나다.

1995년 한국 문원이 발행한 책 『분단 50년 북한을 가다』에 보면 함경남도 편에 속후가 간단히 소개되어 있다.

여기 그 전문을 옮겨 본다.

속후해변: 양화만 동쪽 송도갑[山甲]에서 동북쪽 남대천 어귀까지 12km나 되는 이 해변에는 백사청송의 백사장이 이어진다. 그 사이에 현금호(鉉琴湖), 대인호가 있고 하천산(下天山: 옛 발해의 남경성南京城 터), 가야산, 모래산[沙山] 등이 있어 속칭 속후팔경(俗厚八景)을 이룬다. 해수욕장으로 유명하며 남흥리에 속후휴양소가 있다.

송도: 송도갑에 있는 바위섬으로 높이 50~60m 되는 두 개의 바위산이 해변에 있다. 이 바위산에는 소나무가 자라며 근처에 서호(西湖)가 있다.

이 책의 글에서 내가 겨울이면 찾아가 얼음 지치던 호수의 이름이 '서호'라는 것을 처음 알았다. 우리 고향집 주소도 속후면 서호리다.

해변가 왼쪽 저 끝에 솟아 있던 두 개의 바위산을 나는 기억하고 있다. 그리고 그 바위산들이 '송도'라는 이름을 가졌다는 것도 이 책에서 비로소 알게 되었다.

모래산 뒤편은 나무들이 우거져 숲을 이루고 있다. 산 아래쪽 숲속 햇볕도 별로 들지 않는 축축하고 어둑한 나무들 사이에 퇴락한 비각(碑閣)이 하나 있었다.

비각 안에는 커다란 바위 같은 비(碑)가 서 있는데, 비문은 한문으로 되어 있고 비석은 금이 가 있었다.

이 비가 여진비(女眞碑)라는 것을 알게 된 것은 아주 오래전 그러니까 1970년대 초쯤, 우연히 관(官)에서 발행되는 지방행정지에서다.

어릴 때 철없이 보아 넘긴 우중충하기만 했던 그 비석이 까마득히 먼 옛날 우리 북방민의 설움이 스며 있을 여진비였다니….

깊어 가는 가을하늘에서 들려오는 청아한 기러기 울음소리, 작은외삼촌과 나는 댓돌에 올라서서 노을 속으로 날아가는 기러기들을 오래오래 바라보았다.

하루는 먼 밭고랑 쪽 하늘에 고운 무지개가 선명하게 떴다. 작은외삼촌이 갑자기 내달았다. 나도 뒤따라 내달았다.

우리는 밭고랑 끝까지 달려갔지만 무지개는 여전히 저만치 하늘 높이 떠 있었다.

저녁을 일찌감치 먹은 나는 부지런히 집을 나선다.

저 멀리 솔밭 위로 오늘도 둥근달은 떠오른다. 나는 솟아오르는 달을 한참 바라본다. 그리고는 친구네 집을 향해 달려긴다. 친구들이 모여 놀기로 했으니 이렇게 즐거운 일이 또 어디 있겠는가.

추석 무렵이 되면 공기는 더욱 싸늘해진다.

아이들은 손꼽아 추석을 기다린다. 나는 외가에서 떠나는 추석 성묘에 따라가기로 되어 있었다.

추석날 새벽 아직 캄캄한데, 종가댁 큰아버지께서 직접 오셔서 그날의 성묘 절차를 우리 외할아버지께 설명하신다.

나직이 말씀드리는 그 정중한 모습은 지금도 내 뇌리에 깊이 박혀 있다. 나는 그때 어른들이 지니고 있는 품위를 보았다.

성묘 가는 제1진은 전날 밤 소달구지에 짐을 싣고 이미 떠났고, 2진은 추석날 새벽 기차로 가게 되었다.

외할머니랑 우리는 2진으로 새벽 기차에 올랐다.

선산(先山)이 있는 양화역에 내리니 새벽공기가 몹시 찼다.

어른들은 모두 묵묵히 걸어가고 우리도 말없이 어른들 뒤를 따랐다.

그날 친족들은 제례 절차를 마치고 모두 넓은 산의 풀밭에 모여 음식을 나누며 서로 문안을 한다. 화기애애하던 그날의 친족들 모임은 아마도 그것이 마지막이 되지 않았을까 하는 생각이 든다.

그 후 얼마 안 되어 세상은 천지개벽으로 바뀌고 말았으니….

해방이 되고 이어 남북이 갈리고, 사람들 생각도 갈리고, 친족들은 뿔뿔이 헤어지고, 그 긴 세월을 지켜 내려오던 농경사회는 대변혁을 겪으며 소멸되었다. 따라서 씨족(氏族) 문화의 전통도 붕괴되고 말았다. 이제는 혈족이라는 말조차 낯설어져 가는 세상이다.

그날 초등학교 3학년 어린이로 선산에 따라갔던 나는 친척 아저씨가 배나무에서 따준 배의 맛이 몹시 떫었다는 조그마한 기억을 지금도 소중히 간직하고 있다.

추석이 지나고 몇 밤을 자고 나니 가을은 가버렸다. 가을은 짧기도 했다.

속후는 바다를 끼고 있어 겨울 기후가 그렇게 심한 혹한은 아니었던 것 같다. 그러나 역시 북위 40° 선 넘어 북쪽에 있으니 추위는 맵짜다. 속후는 사철 내내 내게 마음껏 아름다움을 보여 주는 곳이었다.

어느 날 아침 일어나 보니 천지가 눈 속에 파묻혔다. 어디가 논이었던지, 밭이었던지 분간할 수 없다. 멀리 솔밭만 거뭇할 뿐이다. 그 넓은 들판이 하룻밤 사이에 변해 버린 것이다. 처음 보는 끝이 보이지 않는 광활한 설원이 너무 놀라워 넋을 놓고 바라보았다. 지금 회상해도 그것은 가슴이 뛰는 장대한 설경이었다.

초가지붕도 기와지붕도 눈이 쌓여 가고 외갓집 복숭아 나뭇가지에도 눈이 소복이 쌓였다. 뿌연 하늘에서 눈은 계속 내리고 마을은 고요히 눈 속에 파묻혀 간다. 그날의 마을 풍경이 슬픈 듯 아련히 떠오른다.

겨울 방학이 시작되면 속후의 기차역은 마중 나온 사람들로 붐빈다. 서울 유학생들이 일제히 귀향하기 때문이다.

함경남도 북청군은 교육열이 대단히 강한 고장이다. 속후도 그중의 한 곳으로 그 당시 서울에서 공부하는 학생이 많았다.

서울에서 오는 열차는 밤늦게야 도착한다. 우리는 잠도 자지 않고 깊은 밤에 마중을 간다. 외할머니랑 엄마랑 외사촌언니까지 가족이 총출동한다.

역은 아랫마을 윗마을 다 모여 마치 무슨 행사날 같다.

드디어 기차가 도착하면 우리는 개찰구까지 몰려가 승강장을 뚫어져라 지켜본다. 그러다 큰외삼촌 모습이 나타나면 우리는 너무나 너무나 반가웠다. 사촌언니는 플랫폼에까지 들어가 큰외삼촌 트렁크를 받아든다. 우리들은 큰외삼촌을 둘러싸고 자랑스럽게 집으로 돌아온다. 이번에는 무슨 선물일까? 작은외삼촌과 나는 오로지 큰외삼촌 트렁크 열기만을 눈이 커다래 가지고 기다린다.

지난봄에는 큰외삼촌이 학교로 대형 만화책을 세 권이나 부쳐 주서서 나는 아주 우쭐했었다.

겨울에 접어들기 바쁘게 동네 우물 안에는 얼음이 두껍게 얼어붙는다. 아이들은 시퍼렇게 언 얼음덩어리를 돌로 깨서 먹으며 뛰논다. 키 작은 나는 허리를 한껏 구부려 얼음을 깨다 휘청하면서 하마터면 우물에 빠질 뻔했다.

아이들 주변에는 항상 위험이 도사리고 있었다.

밖에서 한참 놀다 집에 들어와 화롯가에 다가가면 빨갛게 언 손이 못 견디게 아려 온다. 엉엉 우는 나를 엄마는 두툼한 두 손으로 감싸면서 녹여 주신다.

호수도 꽝꽝 언다. 큰외삼촌은 스케이트 타느라 바쁘다. 어떤 때는 스케이트 타고 이웃마을까지 갔다 왔다고 했다. 호수 두 개가 아마 이웃마을까지 이어져 있는 모양이다. 큰외삼촌은 호수의 빙질을 늘 극찬했다. 큰외삼촌은 한강에서 열린 전국빙상대회에 출전하기도 했다.

우리 조무래기들도 신발 밑에 수수깡을 대고 얼음지치기를 한다. 호수 가장자리는 너무 맑아 유리알 같아 디딜 때마다 아슬아슬했다. 돌아오는 길에 논두렁을 걷다 보면 투명한 얼음 밑에는 송사리 같은 작은 물고기들이 느릿느릿 헤엄치고 있다. 아이들은 들여다보느라 추위도 잊는다.

겨울도 한참 깊어진 엄동설한의 어느 날 나는 갑자기 겨울바다가 궁금했다. 보고 싶어 견딜 수 없다. 이번에도 단짝인 채죽이를 설득하여 둘이서 바다로 향했다. 매서운 바람에 몸은 점점 움츠러

든다. 둘이는 딱 붙어서 부지런히 걸었다.

그리고 우리 앞에 나타난 바다, 나는 깜짝 놀랐다.

그것은 꿈에도 생각하지 못했던 무서운 바다였다. 세찬 바람을 타고 파도는 산처럼 솟았다가 쾅하고 무너지며 하얗게 부서진다.

우루룽쾅! 우루룽쾅! 천지를 뒤흔드는 굉음을 내며 저 깊은 바닷속을 훑듯이 말아 올린다. 거친 물거품을 토해내며 파도는 우리들을 쫓아온다. 우리는 뒤도 돌아보지 않고 도망쳤다.

아! 그것이 내가 마지막 본 속후 바다다.

그리고 언제나 붙어다니며 놀았던 내 단짝 채죽이와도 그날이 마지막이 되고 말았다.

북에서 나오지 못한 그는 그 후 어떤 삶을 살았는지, 지금 이 세상에 있기나 하는 건지 인간 세상사가 허망하고 서글플 뿐이다.

방학이 후반에 접어든 어느 날 큰외삼촌은 우리와 놀아 주었다. 집 뒤뜰로 돌아가 새덫을 놓고 그 속에 콩알인가 좁쌀인가를 모이로 놓아 유인해 가까스로 참새 새끼 한 마리를 잡았다.

가느다란 새 다리에 실을 매어 놓고 나더러 실을 꼭 쥐고 있으라고 했는데 어찌된 셈인지 나도 모르게 실을 놓치고 말았다.

작은외삼촌도 덩달아 신이 나서 사다리까지 들고 와 우리 집 추녀 밑까지 뒤지며 새잡이에 뛰어들었다. 그날 새는 한 마리도 못 잡았다.

눈발이 간간이 흩날리는 추운 날의 일이다.

저녁이면 큰외삼촌은 작은외삼촌을 졸병처럼 달고 우리 집에 꼭 오신다.

우리는 모여 앉아 노래도 하고 큰외삼촌은 하모니카를 분다. 어느 날은 어머니도 노래를 하셨다. 큰외삼촌은 서울에서 몰래 본 영화 이야기를 실감나게 한다. 우리는 턱밑까지 바싹 다가앉아 숨소리도 내지 않고 듣는다. 어머니도 아주 감동 어린 표정이다.

겨울밤은 깊어 가고 밖에는 소리 없이 눈이 쌓여 간다.

영원히 영원히 잊지 못하는 행복했던 고향의 겨울밤이다.

그날 밤의 우리 네 사람은 그 후로는 그렇게 순박하고 아름다운 행복을 누리지 못했다는 것을 나는 가슴 아파한다.

해방과 전쟁이라는 격동의 파고 속에 아픔을 겪지 않은 사람이 어디 있을까마는 그중에서도 유달리 파란 많은 한 서린 삶을 살았던 그들이다.

지금은 다 돌아가시고 나 혼자 남아 이 글을 쓴다.

뜨거운 눈물이 흐르고 흐른다.

그해 겨울 방학이 끝나 큰외삼촌은 다시 서울로 올라가시고 우리들도 일상 속으로 돌아왔다.

속후도 수많은 이야기들을 듬뿍 품고 긴 겨울 문을 닫는다.

속후에 살면서 나는 어떤 작은 다툼의 소리도 듣지 못했다.

농촌 마을이 다 그렇듯이 마을은 늘 조용했고 사람들은 과묵했다. 나는 옆집 아저씨의 근면함을 보았고 집안 어른들의 품격 있는 범절을 보았다.

밤낮으로 베틀에 앉아 베를 짜며 일본으로, 서울로 유학 간 아들이나 남편의 뒷바라지를 하는 어머니들을 보았다.

속후의 자연에서 나는 미(美)에 대한 감성의 눈을 떴다.

아침 이슬 같은 어린 사랑의 꽃눈도 살며시 눈[芽] 트이기 시작하기도 했다.

속후는 내가 형성되어 가는 토대가 된 곳이고 속후에서 살았던 삼 년간은 내 생을 통하여 가장 행복했던 시기이기도 하다.

속후는 내 유년의 전부였다.

시대가 급격히 회오리치는 상황 속에서 나는 듣지도 보지도 못한 냉혹한 세상 속으로 사정없이 굴러떨어졌다.

갑자기 닥쳐온 엄청난 고통과 슬픔은 참으로 넘어내기 힘든 험준한 고갯길이었다. 그래도 내가 다부지게 이겨낼 수 있었던 것은 속후에서 은연중에 키워진 강한 자긍심의 힘이었다.

그것은 결코 무너질 수 없다는 인간으로서의 결연한 자존(自尊)의 힘이었다.

지금도 나는 지독한 고독 속에 쓸쓸함이 엄습할 때면 속후에서 뛰놀던 어린 시절을 떠올리며 마음의 평정을 얻는다.

내가 그리워 찾으면 속후는 언제나 다가와 따뜻한 정감으로 나를 감싸 준다.

이제 내 글은 끝나간다. 그런데 나는 왜 이렇게 허전해지는 것일까. 그동안 글을 쓰며 나는 어느덧 속후의 나로 돌아가 있었다. 혼자 울며 웃으며 즐거워하는 철없는 어린이가 되어 있었다.

긴 세월 변함없이 기댈 수 있는 내 생(生)의 반려(伴侶)가 되어 주는 속후.

속후는 내 삶의 한줄기 찬란한 빛이었다.

사랑하는 나의 고향 속후,
그대 있음에 나는 행복하였네.
사랑하는 내 고향 속후,

그대를 생각하며 나는 앞으로도 행복하려네.
바람결에 부치는 내 이 깊은 감사의 찬가(讚歌)를
그대는 들으리라 나는 믿네.

청호당 할아버지

한 사람의 인생(人生) 여정(旅程)을 몇 줄의 서투른 글로 적어놓는다는 것은 그분에 대하여 대단히 불경스러운 일이다. 그러나 쓰지 않으면 안 될 어떤 보이지 않는 힘에 밀려 나는 이 글을 쓴다.

청호당(青湖堂: 주림(朱林, 1877~1954))은 외조부님의 아호(雅號)다. 고대(高臺) 위에 높다랗게 앉아 있는 기와집 추녀 밑에는 청호당이라는 현판이 걸려 있었으니, 청호당은 외가의 택호이기도 하다.

1877년 구한말(舊韓末)은 일본과 소련 그리고 영·불·미 등 식민제국의 침략이 이 나라에 일시에 밀려오던 때이다.

국운이 풍전등화 같은 이 위기의 시기에 외조부님은 함경남도 북청에서 태어나셨다. 국권이 상실된 비운의 나라에서 망국의 백성이 된 할아버지는 온갖 풍파를 다 겪으시고 1954년 6·25동란이 끝난 다음해 77세를 일기로 그 파란만장한 생애를 마치셨다.

암울했던 이 나라의 역사는 바로 외조부님의 인간사(人間事)로 통한다 해도 과언이 아닐 것이다.

한말은 세도정치가 판을 치던 때이다. 권력은 장안의 경화양반(京華兩班)만이 독점하고 있었고, 관로(管路) 또한 서민계층으로서는 어려운 일이었다. 지역적으로도 관북이나 삼남 지방이 푸대접 받기는 마찬가지였다.

함경도 변방의 초라한 젊은이가 아무 연고도 없는 한양에 와서 궁내부(宮內府) 주사(主事)라는 보잘것없는 말직이나마 얻기까지는 얼마나 힘든 노력을 하셨을까? 그나마 나라가 망하니 졸지에 모든 것이 물거품이 되었고 나라 없는 백성 앞에는 험난한 역사만이 기다리고 있을 뿐이었다. 헤이그의 밀사사건(密使事件)이 있은 후 외조부님은 이준 열사의 영정(影幀)을 모신 일에 연루되어 체포령이 떨어졌다. 할 수 없이 이름을 바꾸고 고국을 떠나 먼 아라사(러시아)로 도피해야만 했다. 그곳에서 다시 만주로 가신 외조부님은 독립군으로 활동하셨다. 아라사에는 꽃 같은 색시를 남겨둔 채 비장한 결심으로 떠나오신 것이다.

국제 정세가 긴박하게 돌아가면서 할아버지가 미처 데리러 가기도 전에 소련 국경이 갑자기 폐쇄되어 버리고 색시는 오도 가도 못하고 소련 땅에 갇힌 몸이 되었다. 젊은 부부는 본의 아닌 영원한 생이별을 하고만 셈이다.

꽃 같은 색시는 그 후 낯선 이국땅에서 어떻게 살아갔을까?

또 청년 할아버지는 얼마나 많은 피눈물을 흘렸을까? 나라 잃은 백성의 처지는 자기의 생활이 자기의 뜻으로 영위될 수 있는 것이 아니었다. 정처 없이 떠도는 유랑하는 무리로 전락하고 만 그들의 운명은 바람에 굴러다니는 낙엽처럼 처량하기 그지없는 것이었다. 고향에선 수많은 가족과 친척들이 오로지 외조부님만을 믿고 줄레줄레 찾아들어 왔고 일본군의 악랄한 작전은 독립군의 목을 조여 왔다.

버티다 못해 할아버지는 결국 무너지고만 셈이다. 훼절한 한 인간으로서 그 고뇌와 죄책감에 얼마나 괴로우셨을까. 모든 것을 체념하고 할아버지는 국경 지역인 압록강가에 있는 '혜산'이라는 곳에 터전을 잡고 평범한 생활인으로서 제2의 인생을 시작하였다.

일본과 맞서기 위해서는 교육의 길밖에 없다고 생각하신 할아버지는 그곳에 서당을 개설하고 후손들의 교육에 길을 열었다.

할아버지는 밀려오는 개화의 물결을 서슴없이 받아들여 장녀인 우리 어머니를 남복(男服)을 입혀 서당에 보내셨고, 또 신식 교육도 과감히 시키셨다. 한때는 기독교에도 심취하셨던 할아버지는 불교도 믿는 유교인으로 혜산에 최초로 서원을 짓고 향교(鄕校)를 일으켜 향촌의 교육에도 이바지했다.

할아버지는 학문을 가장 높은 덕목으로 숭상하였으며 한의학도 깊이 공부하셨던 것 같다. 늘 가까이에 두고 읽으시는 소중한 고시(古書) 중에는 인체의 그림이 있는 의서가 꼭 끼어 있었다.

그분의 폭넓은 학문과 비상한 기억력, 옳다고 생각하면 즉가 행동에 옮기는 실천력과 젊은이도 미처 따라가지 못할 과감한 진취성은 오늘날 생각해도 실로 놀랍기만 하다. 할아버지는 문중에 홀로 우뚝 솟은 특출한 거목이었다.

외조부님은 슬하에 2남 2녀를 두셨는데, 모두가 선량하기만 할 뿐 아버지의 과감한 결단성이라든가, 사회를 선도하려는 웅지 같은 큰 뜻을 이어받은 자손은 없었다. 그런 자손들에 대하여 할아버지는 과연 어떻게 생각하셨을까.

집집마다 그 가계(家系)를 들여다보면, 대개 한 대(代)가 승하면 한 대는 약하다. 이것은 그 어떤 자연의 법칙인 것 같다. 이렇게 함으로써 세상이 어느 한쪽으로 치우치지 않고 균형 있게 발전해 가게 되는 자연의 법칙인지도 모를 일이다.

그분의 자손들인 우리는 모두가 정직하고 바르게 살려고 노력은 하였지만, 할아버지의 자손답지 않게 그 그릇이 너무나 작고 한 일이 없음을 늘 부끄럽게 생각한다. 할아버지는 50대 후반에 접어들어 다시 한 번 생의 전환을 하였다. 땀으로 열심히 쌓아올린, 탄탄히 뿌리내린 삶의 터전을 미련 없이 일시에 정리하고 귀향을 단행했다. 고향을 떠나온 지 실로 30여 년 만의 일이었다. 연해주로, 만주로 그리고 첩첩산중의 오지인 압록강가까지 쫓기듯 흘러가 힘들게 살아온 험난하고 고달픈 긴 세월이었다. 고향에 돌아오신 할아버지는 농사를 지으시며 유유자적, 그리던 고향의 산천과 벗하며 풍류 있는 전원생활로 나날을 보냈다. 그러면서도 마음속에는 언제나 비통한 회한의 응어리가 꿈틀거리고 있었던 것 같다. 때로 폭발하는 극심한 주벽(酒癖)은 여기에서 비롯된 것이리라.

유아독존적인 성격과 불같은 성정으로 외조부님 앞에서는 가족이고 이웃이고 할 것 없이 모두가 쩔쩔매야만 했다. 어쩌다 가뭄에 콩 나듯 찾아오시는 친구 분과도 헤어질 때는 언쟁이 일었고 친구 분은 쫓겨가듯 돌아가기가 일쑤였다. 그것은 비단 술 때문만은 아니었던 것 같다.

할아버지의 마음 저변에는 항상 역사에서 좌절된 불만과 그에 대한 저항이 도사리고 있어 조그마한 충돌이나 거스름에도 그만 참지 못하고 분출하여 그렇게 폭군 같은 행동을 하셨던 것이 아닌가 하는 생각을 해본다.

울분과 좌절과 죄책감으로 할아버지는 한때 술로 세월을 보내기도 하였다. 그 주량과 폭음은 감히 따를 사람이 없었고, 주벽 또한 고을에 소문이 났다. 후에 그 소문은 큰외삼촌 혼사에까지 지장을 가져왔다고 한다.

일제하의 전쟁 말기, 외할아버지의 주벽은 극에 달하였다.

높다란 마루에 올라서서 대문 너머로 멀리 펼쳐진 논밭을 바라보며 주벽의 사설(辭說)인지, 웅변인지 알 수 없는 일장연설을 하는 것이었다. 그 우렁찬 목소리로 쉬임 없이 몇 시간이고 사자후를 토할 때면 혹시 신이 접한 것이나 아닌가? 하는 의구심마저 들게 했다.

사자후는 점점 격해져서 급기야는 일제의 야만성과 군국주의의 비판에까지 이르렀다. 결국 할아버지는 파출소에 구금되었고 온 친척들은 파출소에 가 백배사죄하며 각서에 연좌 서명까지 하고서야 가까스로 모셔 올 수 있었다.

외갓집에는 1년에 한 번쯤 오시는 낯선 노할머니가 계셨는데 외할머니는 아주 정중하게 그분의 수발을 들면서 극진히 모셨다.

할아버지는 커다란 놋대야에 극구 마다하시는 노할머니의 발을 담그게 하시고는 손수 씻겨 드렸다. 바로 그 노할머니는 아라사에 두고 온 할아버지의 눈물 어린 색시의 어머니 되시는 분이었다. 할아버지는 때때로 이렇게 정감이 넘치는 면모를 보이기도 하셨다.

큰외삼촌이 태평양전쟁에 소집되어 가던 날이었다. 마당에서 하직 인사를 올리는 외삼촌을 할아버지는 마루에 서신 채 내려다보시며 "잘 다녀오거라." 단 한마디만 하실 뿐 대문 밖에는 나오시지도 않으셨다.

그해 여름 외갓집 앞마당 꽃밭에는 봉숭아꽃이 곱게 피어 있었다. 어찌하다 꺾어진 봉숭아꽃을 일으켜 세우며 거나하게 취하신 할아버지는 그만 낙루(落淚)하시는 것이었다. 그 눈물은 군에 간 큰외삼촌 때문이라는 것을 나는 느낄 수 있었다. 가슴속에 묻어둔 부정(父情)의 표출이었던 것이다. 가을이면 뜨락에는 잗다란 노란 국화 꽃무더기가 담 밑을 빙 둘러 피어 있었다.

외할머니께서는 국화 꽃잎을 넣고 시루떡을 찌시고 외할아버지는 꽃을 띄운 술잔을 들고 마당을 거닐면서 청아하게 한시를 읊으셨다. 부엌에서 가만히 내다보시며 미소짓던 외할머니의 잔잔한 모습이 지금도 눈에 선하다.

동편 하늘에 해맑은 달이 봉긋이 떠오르던 운치 있는 가을날의 저녁이었다.

외할아버지는 기골이 장대한 편은 아니지만 몸이 건강하시고 까랑까랑하시어 늘 활기찼었고, 형형한 눈빛은 사람을 제압하고도 남음이 있었다. 술을 마시지 않는 평소에는 별로 말씀이 없으신 조용한 분이었다. 외할머니나 어머니께서도 나직한 목소리로 말씀하시는 조용한 분들이었다. 어쩌다 함흥에서 이모가 오시면 떠들썩할까, 청호당 집은 늘 조용했다.

어느 해인가는 벼농사가 대풍을 이루었는데, 할아버지는 쌀 공출(供出)을 피하려고 그러셨는지 마당에 탈곡기를 들여다 놓고 직접 탈곡을 하시기도 했다. 우리는 곧고 엄격한 성품의 할아버지 밑에서 어떤 어려운 일에도 견디어 내는 용기와 인내를 키웠다.

취중에도 내게만은 인자하셨던 할아버지, 나는 그 특별한 정을 잊지 못한다.

시와 눈물이 있는 할아버지. 성격의 결함도 있었지만 할아버지는 참으로 보기 드문 인간미를 가지신 분이었고, 언제나 당당한 인물이었다. 나는 그런 인간 할아버지를 사랑하고 존경한다.

할아버지는 1년에 한두 번 봄·가을에 집을 떠나셔서 며칠간 묵고 오시는 때가 있었는데, 그것은 향교 일로 출타하시는 것이었다. 할머니와 어머니는 할아버지 옷을 지으시고 또 채비에 따르는 여러 가지 준비를 하셨다. 그 기간 동안 할아버지는 반주(飯酒)조차 금하시고 집안은 더욱 청결하게 하셨다. 집 안팎은 법도와 정숙(靜肅)과 정갈함으로 고고(孤高)한 고적감(孤寂感)마저 감돌았다. 이러한 일련의 행사는 그 시절 유교 집안에서 지켜 내려오던 규범이었던 것 같다. 지금은 다 사라져 버린 지극히 아름답고 정숙한 동양적인 것들, 그 소중한 삶들을 우리는 어찌하여 잃은 것일까.

역동적이고 자유분방한 기백으로 적극적인 삶을 살아오신 할아버지는, 그러나 반려(伴侶)에 대한 운명만은 어찌할 수 없어 한 번의 생이별과 두 번의 사별로 말년의 한 7년간은 홀로 쓸쓸히 지내셔야 했다. 참으로 기구한 운명이었다. 어찌하여 운명은 그렇게도 할아버지에게 가혹했을까.

해방된 다음 다음해인 1947년 초 할아버지는 70의 고령임에도 결연히 그곳의 이념을 박차고 고향과 결별했다. 땀과 꿈과 탯줄이

묻혀 있는 그곳의 모든 것을 과감히 버리고 두 아들과 함께 월남하셨다. 그리고 시골에서 한의원을 차리신 할아버지는 자식에게 의지하며 살아가는 것을 원치 않으셨다.

1948년 대한민국이 탄생되던 날, 외할아버지는 두루마기 자락을 훨훨 날리며 우체국에 가셨다. 벅찬 감격으로 김구 선생과 이승만 박사에게 건국을 축하하는 축전을 치시고 돌아오신 할아버지는 얼마나 그 감회가 깊었을까.

6·25전란을 겪고 수복한 직후 사회는 혼란하고 생활은 어려웠던 그 시절에 외할아버지께 병마가 밀려왔다. 병원도 약도 제대로 갖춰 있던 때가 아니다. 병마에 쓰러져 기동을 못하시면서도 할아버지의 청청한 목소리와 줄담배는 변함이 없었다. 눈물을 흘리는 어머니와 나를 보시고 오히려 위로하시던 할아버지.

"뭘, 울기는 우느냐? 진시황도 죽었는데, 사람이 살다가는 것이 자연의 이치가 아니냐!"

죽음을 눈앞에 두고 이렇게 당당할 수 있는 사람이 몇이나 될까. 그때 나는 외할아버지가 얼마나 경이로웠는지 모른다. 그러나 임종을 앞둔 얼마 전부터 외할아버지는 이렇게 자주자주 큰소리로 외치는 것이었다.

"야들아, 속후(俗厚: 함경남도 북청군에 있는 할아버지 고향) 가는 기차표를 아직도 아이 끊었느냐?"

고향이란 그리운 곳! 우리가 나고 자란 곳! 이 땅 위에 그곳보다 더 따사로운 곳이 또 어디 있으랴!

눈을 감는 순간에도 내 고향 속후를 그려 보시는 외할아버지의 향수(鄕愁) 속에는 수많은 한(恨)의 그림자가 일렁이고 있는 것을 나는 읽을 수 있었다.

   할아버지의 유품으로는 한 권의 청호당 일지와 초(草)를 잡아놓은 족보(族譜)가 있을 뿐이다.

소년의 미소

　소년이라는 말은 그 말만으로도 사람의 마음을 부드럽게 순화(醇化)시켜 준다.
　우리말의 소년이라는 말도 어감상으로 귀엽지만 영어의 'boy'는 얼마나 사랑스럽게 들리는지 모르겠다. boy가 소년을 나타낸 발음으로 으뜸이라고 느끼는 것은 나만의 느낌일까? 브+오+이-입술음, 즉 순음(脣音)에 유성음이 연철되는 부드러운 음절로 되어 있어 발음이 그처럼 다정하게 들리는가 보다.
　사전에 보면 '소년은 나이가 어린 사내아이'라고 풀이해 놓았다. 소년은 단순히 나이 어린 사내아이에 그치지 않는다.
　소년은 무한한 가능성을 배태(胚胎)하고 있는 씨알이다.
　인간의 일생을 통해 볼 때, 가장 순수하고 고귀한 인간다운 시기가 소년기라고 생각한다. 인간을 감히 아름답다고 말할 수 있는 유일한 시기도 소년기일 것이다.

사람들은 아련한 향수로 소년기의 자기로 되돌아가고파 한다. 그것은 그 시기만이 거짓 없는 진정한 평안을 주었기 때문이리라. 그 시절의 맑디맑은 순진무구함은 사람들의 영원한 마음의 고향인 것이다. 나는 화집(畵集)을 펼쳐 놓고 그림 속의 소년을 들여다본다.

인상파의 화가 세잔느(P. Cezanne)의 〈빨간 조끼를 입은 소년〉이다. 소년은 고개를 갸우뚱하고 테이블에 기대앉아 있다.

갸우뚱한 고개를 받치고 있는 하얀 팔이 흘러내린 옷소매에서 드러나 있다. 아직 힘이 붙지 않은 가냘픈 팔이 소년의 순수함을 엿보게 한다.

고개를 갸우뚱하고 소년은 무슨 생각을 하는 것일까?

고뇌와 오뇌 따위의 사색을 하는 얼굴이 아니다. 극히 깨끗하고, 극히 단순하고, 극히 천진한 그런 맑은 생각을 하고 있는 것 같은 순한 모습이다.

이 그림은 세잔느의 가장 유명한 작품 중의 하나라고 한다.

마네(Ed. Mannet)도 소년을 그렸다. 그림 〈버찌와 소년〉은 그 중의 하나다. 그림 속의 소년은 버찌의 색처럼 빨간색의 터번같이 생긴 모자를 옆으로 비스듬히 쓰고 있다. 모자 밑에서 웃고 있는 듯한 커다란 눈망울이 아이의 선한 마음을 말하고 있다.

약간 벌어진 입술 사이로 금방 침이라도 흐를 것 같은 소년의 얼굴은 티 없이 밝고 순진한 표정이다. 버찌 바구니를 껴안은 손이 유년기를 막 벗어난 듯 통통하다. 이 사랑스러운 그림은 유채화로서 1859년경 마네가 20대 후반쯤에 그린 그림이다.

마네의 또 다른 그림 〈피리 부는 소년〉은 눈썹이 감성적으로 올라가 있는 예술가의 눈썹을 하고 있다. 금빛 장식의 까만 모자를 쓰고 빨간 바지를 입었다. 아직 덜 자란 작달막한 키에 눈매는 피리 소리를 따라가고 있는 듯 응시하고 있다. 변성기도 아직 안 된 소년의 가늘고 높은 맑은 노랫소리도 함께 들릴 것만 같다.

이 두 화가는 어찌하여 소년을 대상물로 하여 빨간색으로 표현했을까? 이 방면에는 문외한이고 식견이 짧은 나로서는 그저 소년의 볼이 빨갛기 때문에 빨간색으로 처리했으리라고 단순히 생각해 본다.

참으로 소년은 아름답구나!

나는 회상해 본다. 회상은 아름답고 즐겁다. 그 회상 속에 잔잔히 웃으며 다가오는 한 소년이 있다. 그러니까 그것이 언제란 말이냐! 기억도 가물가물한 아득히 먼 옛날, 국민학교(지금은 초등학교) 4학년 여름 방학 때였다.

소집일이어서 학교에 나가 청소를 하고 있는데 누군가 내게 편지가 왔다고 알려 주었다.

교무실 앞 편지함에는 봉함도 하지 않은 편지가 들어 있었다. 전혀 모를 이름이었지만 아이들이 우르르 몰려오는 바람에 얼른 겨드랑이에 끼고 돌아섰다.

"누구한테서 왔니?" 아이들이 짓궂게 따라오며 묻는 말에 나는 엉겁결에 "응, 우리 친척이야."

사실 나는 먼 친척에게서 온 편지인 줄만 알았다. 집에 와 대문을 들어서기 바쁘게 "엄마 학교로 편지 왔어요." 호기 있게 소리쳤다. 편지를 받은 어머니는 어선지 반가운 기색 없이 뜨악한 표정으로 훑어 보시더니 방으로 들어가면서 "이리 들어와." 날카롭게 소리 지르는 것이 아닌가. 무슨 영문인지도 모르는 채 벙벙해서 따라 들어갔다. 편지는 뜻밖에도 내게 온 것이었다. 내용은 별 것이 아니었건만, 어머니께서는 "이 아이를 어떻게 알게 되었느냐?"며 막무가내로 다그쳤다. 저녁에는 외삼촌까지 가세하여 심문하는 것이었다. 나는 항변하다 못해 결국 울음을 터뜨렸다.

그 후로 나는 누구인지도 모르는 그 아이를 마음속으로 얼마나 미워했는지…. 그는 아주 내 증오의 대상이 되고 말았다.

날이 가고 어머니는 더 이상 편지에 대해서 말씀이 없으셨고, 그러다 보니 그 아이 일은 차츰 나의 관심에서 잊혀져 갔다. 죄인 같았던 기분도 어느 틈엔가 사라져 버리고 나는 다시 활기 있게 뛰놀기 시작했다.

우리 외갓집은 골목을 사이에 두고 바로 옆에 있었다. 여름날의 해가 쨍쨍히 내리쬐는 따가운 한낮이었다. 늘 그렇듯이 그날도 외가에 가서 까마중이나 따먹을까 하고 집을 나서는데 웬 낯선 남자아이가 외갓집 밭두렁에 있는 우물가에 서서 이쪽을 보고 있었다. 그 아이는 나를 보자 이름을 부르며 미소를 띠는 것이 아닌가!

나는 순간 그가 편지를 보낸 아이라는 것을 직감하였다. 화가 난 나는 힘껏 눈을 흘겨 주고는 무어라고 말을 붙이는 것을 들은 체도 안 하고 재빠르게 외가로 들어갔다. 외기는 아무도 없이 텅 비어 있었다. 모두들 어디로 간 것일까? 마당을 빙빙 돌다가 댓돌에 올라서서 대문 너머로 넘겨다보았다. 그 아이는 돌아가지도 않고 땅을 내려다보며 그대로 그 자리에 서 있었다.

나는 겁이 덜컥 나서 뒤울안으로 얼른 들어갔다. 까마중이 따위는 아예 따먹을 생각조차 못한 채, 큰 복숭아나무 밑에 숨을 죽이고 가만히 앉았다. 외갓집 뒤울안은 언제나 축축하게 습기가 차 있었다. 담 밑에는 풀과 이끼가 퍼렇게 돋아 있었고, 밭 한쪽에는 근대와 배추가 성성하게 자라고 있었다. 꽈리도 까마중이도 열매를 맺고 무당벌레는 그 위에 앉아 있다.

축축한 그곳에는 온갖 곤충들이 살고 있었다. 이따금 벌이 붕 날 뿐 한낮의 뒤울안은 고요하다. 그 속에서 아주 오래오래 앉았다가 나와 보니 그 아이는 가고 없었다. 그 후 나는 그 아이 생각을 별로 하지 않았다.

여름 방학도 끝나고 가을은 언제 있었는가 싶게 날아가 버리고, 즐거운 겨울 방학이 되었으니 얼마나 좋으냐. 저녁을 일찌감치 먹고 대문을 나섰다.

하늘에는 벌써 아기별 하나가 나와 반짝이고 있었다. 찡하게 맑은 공기에 코끝이 시큰하고 날씨는 싸늘한 것이 살갗에 차게 느껴졌다. 농촌의 겨울밤은 구수한 이야기보따리가 펼쳐지는 때다.

아이들도 모여 앉아 꿈같은 동화들을 엮어 간다. 한없이 평화롭고 정이 넘치는 전설들이 호롱불 밑에서 끝없이 피어난다.

빨리 가서 재미있게 놀아야지.

나는 친구네 집으로 향했다. 오늘은 무엇을 하고 놀까?

울타리 옆 골목을 단숨에 달려 나왔다. 공회당 앞을 지나 신작로를 건너 장터로 막 접어들었을 때다. 어디선가 나를 부르는 소리가 들렸다. 뛰다 멈추고 뒤돌아보니 지금 방금 건너온 신작로 저 건너편 어떤 집 모퉁이에 여름에 본 그 아이가 서 있었다. 중학교 교복을 단정히 입고 웃으면서 나를 보고 있었다. 나도 그때 즐거움으로 가슴이 꽉 차 있던 터라, 덩달아 따라 웃었다.

그 아이는 기쁨에 찬 얼굴로 더 활짝 웃었다.

나는 좀 부끄러워졌다. 얼른 돌아서서 다시 뛰기 시작하였는데, 어찌하다가 그만 돌부리에 걸렸다. 하마터면 넘어질 뻔한 것을 가까스로 균형을 잡고 다시 일어섰다. 그 아이는 "어, 어, 어." 하면서 불안의 외마디 소리를 지르고, 내 등에서는 진땀이 흘렀다.

무슨 말인가? 계속 소리치고 있는 그 아이 소리를 뒤로 들으며 나는 넓은 장터를 가로질러 힘껏 내달았다.

이듬해 봄 우리 집은 읍내로 이사를 했고 2년 후에는 그곳에서 해방을 맞이하였으며, 다시 또 나는 먼 남쪽 서울로 월남하고 말았으니 그 아이는 영영 만날 수 없었다. 내가 20대 후반쯤 되었을 때 외삼촌이 느닷없이 그 아이에 대하여 물으셨다. 나는 어이없어 그저 웃고 말았다. 그때 그토록 모르는 아이라고 항변하였건만 외삼촌은 내 말을 믿지 않으셨다는 말인가. 정황을 보아 충분히 파악할 수 있는 일인데도 후일을 염려해서인지 그냥 윽박지르기만 하는 어른들, 상처받을 아동의 심리 따위는 염두에도 없으셨던 옛날 어른들이 이제 와서는 오히려 정겨웁게 그리워진다.

세월은 많이도 흘렀다. 그 후 그 아이는 어찌 되었을까?

일본 이름이 아오지마[靑島]라는 성만을 기억하고 있는 그 아이, 내게 늘 중학교 1학년으로 남아 있는 그 아이는 지금 남(南)에 있는지 북(北)에 있는지? 또 6·25동란은 어떻게 겪었는지 도무지 알 길이 없다.

격랑의 물결처럼 소용돌이치는 이 나라에서 사람의 운명은 수없이 곤두박질쳤다. 그중에서도 특히 젊은이의 운명은 전쟁이라는 회오리바람에 휘말려 그 끝 간 데를 알 수 없었다.

인간이 의식했건, 안 했건 간에 세월은 어느 사이에 흘러 아이들은 어른이 되었고, 그리고 그 어른은 벌써 생의 황혼기에 이르렀다.

추억은 그것이 설사 슬픈 것이라 할지라도 사람은 그 추억이 있음으로써 꿈을 꿀 수 있고, 꿈은 순간이나마 행복을 준다.

무상한 것은 세월만이 아니다. 세월 속에 살아가는 사람의 운명도 무상하기는 마찬가지다.

인생은 끊임없이 변천을 거듭하면서 흘러가는 유전(流轉)의 역사 속에 피었다 지는 한 가닥의 갈대인지도 모른다.

유년의 강

대체 그런 일들이 정말 내게 있었던가 의심스러울 만큼 아득히 먼 옛날의 이야기들 그 희미한 기억 속에 흐르는 강이 있다. 그 강이 압록강이다. 혜산은 이 압록강을 뒤로하고 앉은 국경의 소읍으로 나의 유년 시절을 이곳에서 보낸 유서 깊은 곳이다. 반세기도 훨씬 넘은 지금 그곳에서 있었던 일들은 극히 단편적으로 기억될 뿐이다. 그러나 이들 단편들은 내 기억 속에 지금도 생생히 살아 있다.

그것은 어느 여름날의 해 지는 저녁 무렵이었다. 어둠이 감돌아서인지 거리는 푸르스름했다. 그런 거리를 이모는 나를 데리고 친구와 같이 산책에 나섰다. 그들은 내 손을 잡고 흔들며 낭랑한 목소리로 노래를 불렀다. "만약에 백만 원이 생긴다면은~ 비행기 한 대를 살테야~." 노래는 즐거이 여름 하늘에 울려 퍼졌다.

우리 이모는 참으로 상큼하게 예뻤다. 탐스럽게 땋아 내린 머리가 날씬한 등 뒤에서 늘 찰랑거렸다. 그날 우리의 산책길은 강가 언덕 위로도 이어졌음직한데 강에 대한 기억은 통 나지 않는다. 내가 처음으로 강을 본 기억은 빨래하러 가시는 어머니를 따라갔을 때이다.

어머니는 자주 빨래하러 강가로 갔고 나는 그때마다 따라서 강으로 갔다. 강에 가면 언제나 내가 혼자 앉아서 노는 커다란 바위가 있다. 나는 바위 위에 서서 발을 구르며 "까치 까치 말라라 땅 땅 말라라" 흥얼거리며 어머니의 빨래가 끝날 때까지 그렇게 놀았다. 그때 아이들은 빨래하는 엄마 곁에서 물속에 들락날락하며 그렇게 놀았다.

강에는 뗏목이 자주 떠내려갔다. 엄청나게 큰 통나무로 묶인 뗏목이 강을 헤치며 지나갈 때는 강은 갑자기 불어나서 강 기슭으로 밀려와 물이 넘치곤 했다.

어머니들은 둥둥 떠오르는 빨래들을 황급히 거둬들인다.

강가에는 작은 물고기들이 떼를 지어 헤엄치고 아이들은 물고기들을 쫓아다니기 바빴다.

아이들은 또 모이기만 하면 고물고물 일을 꾸몄다.

그날도 우리들 친척 또래 대여섯이 커다란 부엌 아궁이 앞에 모였다. 머리를 맞대고 강에서 갓 잡아온 새끼 가재 한 마리를 굽고 있다. 내 몫으론 빨갛게 익은 가느다란 가재 다리 한 개였다. 그래도 우리는 모두 맛있다고 입을 다셨다.

우리 숙부님은 그때 일본에서 공부를 하고 계셨는데 여름이면 돌아와 나를 데리고 강으로 종종 놀러 나갔다. 한번은 물동거리라고 하는 강 하류 쪽으로 내려갔는데 거기는 뗏목이 상류에서 내려와 잠시 정박하는 곳이란다. 물막이로 설치된 넓은 나무판 위 한쪽 가에 나를 앉혀 놓고 숙부님은 물속으로 풍덩 뛰어들어갔다. 얼마 동안 물속에서 헤엄치던 숙부님이 갑자기 보이지 않는다. 나는 놀라 물속을 들여다보았으나 숙부님은 보이지 않았다. "아재배! 아재배!"(아저씨의 함경도 사투리) 목청껏 부르며 울고 있는데 한참 뒤에야 저쪽 강 한가운데서 숙부님은 "어~이" 소리치며 물 위로 불쑥 솟아올랐다.

숙부님은 또 어느 날 칠성이라는 물고기를 잡으러 나를 데리고 강 상류 쪽으로 갔다. 그런데 어찌된 셈인지 물고기를 잡던 기억은 나지 않는다.

드디어 학교에 들어가 친구들이 생긴 나는 처음으로 키 큰 아이들을 따라 강으로 놀러갔다. 강 위쪽으로 한참 올라가니 거기에는 조약돌들이 지천으로 깔린 얕은 강가가 넓게 펼쳐져 있었다. 강가에는 수많은 아이들이 북적거리고 있었다. 강물은 햇빛을 받아 금빛으로 반짝거렸고 물밑의 조약돌들도 유리알처럼 물결에 아른거렸다.

키 큰 아이들은 얕은 물가에서 다리를 파닥거리며 헤엄을 쳤다. 나도 가르쳐 주어서 어찌어찌하면 뜨기도 하였는데 그만 어머니 걱정으로 두 번 다시 그 신선한 강가에는 가지 못했다. 헤엄도 그것으로 끝이 나고 말았다.

마을에서 멀리 떨어진 강 위쪽에는 까만 나무다리가 하나 높다랗게 서 있었다. 혜산과 만주(지금의 중국)의 장백현을 잇는 이 다리에는 초소가 있고 거기에는 순사(순경의 일제 시대 명칭)가 언제나 쓸쓸히 서 있었다. 국경을 잇는 이 다리는 가난하고 힘없는 우리네 어른들이 만주에서 생산되는 곡물(주로 좁쌀과 옥수수)과 물물교환을 하기 위하여 건너다니는 통로였다고도 한다. 일본 순사의 삼엄한 감시하에 갖은 제재와 수모를 받아가며 오갔을 이 다리는 나라 잃은 백성의 애환이 서려 있는 다리다. 그 다리가 지금도 가슴에 와 닿는 느낌이다.

어느 날 어머니와 같이 기차를 타고 어디론가 가고 있었는데 나는 갑자기 차창으로 다가서는 강을 보았다. 강은 시뻘건 황토색으로 소용돌이치며 험준한 협곡 저 아래로 세차게 흘러갔다. 큰 기둥이 급류에 휘말려 곤두박질치며 떠내려가는 것도 보았다. 굉음을 내며 굴러떨어지는 강의 광경은 내가 태어나 처음으로 느낀 공포와 경이였다. 아마 이 강은 압록강으로 흘러들어 가는 지류의 하나였을 것이다.

해 질 무렵 강가에 서면 멀리 강 건너 이국 땅 마을에서 가냘프게 피어오르는 하얀 연기가 보인다. 저녁을 짓는 연기겠지. 그곳 국경 수비대가 부는 애조띤 나팔 소리는 서서히 잠기어 가는 석양과 어우러져 슬픈 여운을 길게 남긴다. 강도 저물어 어둠이 깔리기 시작할 무렵 나는 뗏목이 길게 줄지어 흘러가는 것을 보았다. 뗏목에는 호롱불이 켜져 있고 뗏꾼이 부는 퉁소 소리가 여름밤의 강 위로 구슬프게 흘러갔다.

나는 서글퍼졌다.

혜산에서 아버지는 갑자기 돌아가시고 우리 가족은 하늘이 무너지는 슬픔과 아픔을 안고 고향인 속후로 떠나왔다. 그 후 나는 영영 압록강을 보지 못했다.

압록강은 국경을 흐르는 강이기에 더더욱 많은 아픔의 전쟁사

(戰爭史)를 품고 있다.

 민족의 분단까지 겪으며 압록강은 또 얼마나 분노의 소용돌이를 쳤을까? 그러나 압록강은 흐른다. 모두를 포용하며 오늘도 도도히 흘러갈 것이다.

감격의 수업(授業)

 해방! 그것은 새롭게 탄생한 나라의 빛나는 교육의 시작이었다. 나는 그 감격의 첫 수업을 받은 영광스러운 세대임을 자부한다. 거리에는 태극기의 깃발이 물결치고 자유의 함성은 하늘을 찌르던 그때, 온 나라가 해방의 기쁨에 휩싸였던 환희의 시대다.
 학교에서는 잃었던 내 나라 글을 당당히 가르치기 시작했고, 나라 찾은 국민은 모두가 애국자가 되었다. 갑자기 다가온 엄청난 변화에 선생님이나 학생이나 모두가 놀라움 속에서 적응하기에 바빴다.
 해방된 지 이틀쯤 되었을까. 초등학교의 넓은 교정에 1학년부터 6학년까지 전교생이 집합했다. 우거진 버드나무 아래에 커다란 칠판을 세워 놓고 다같이 '가갸거겨'를 배우기 시작했다.
 힘차게 외치는 선생님과 큰소리로 따라 읽는 학생들, 새 나라의 교육이 시작되는 역사적인 순간이다. 처음으로 배우는 내 나라 글이었기에 교과서도 없이 힘들게 배우면서도 우리는 그저 감격했고, 선생님과 학생은 나라 사랑의 마음으로 혼연일체가 되었다.

나는 집에서도 그 옛날 어머니가 배우시던 조선어 독본(讀本)을 찾아내서 방으로 마루로 부엌으로 일하시는 어머니를 따라다니며 묻고 또 묻고 하였다.

"엄마! '구슬 같은 땅방울' 이래!" 감수성이 예민한 사춘기에 막 접어든 내게 한국어로써 처음 보는 이러한 표현들의 아름다움은 실로 커다란 놀라움이 아닐 수 없었다. 흥분하여 감탄사를 연발하면서 방 안을 돌아다녔던 기억이 난다.

해방의 열기에 뜨겁게 달아올랐던 여름도 지나고 계절은 가을에서 겨울로 넘어갈 무렵이었다.

북쪽 지방이라 일찍이 추위가 찾아와서 우리 교실은 으스스한 것이 마치 깊은 겨울처럼 추웠는데 선생님은 칠판에 빽빽하게 정열적인 문장을 써 내려갔다.

제목은 〈조선의 맥박〉. 정말 멋진 제목이었고, 문장 또한 격동적이며 시적이었다.

꽁꽁 언 손으로 베끼면서 읽고 또 읽고, 거의 외워 버린 그 글은 내게 깊은 감동을 주었다. 그날따라 목이 잠기어 쉰 듯한 목소리로 낭독한 나를 선생님은 또 얼마나 칭찬하시든지….

요 몇 해 전에 우연히 읽은 어떤 글에서 놀랍게도 그 글이 양주동 선생님의 글인 것을 알게 되었을 때 〈조선의 맥박〉은 또 다른 감동으로 내게 다시 떠올랐다. 그 후 서울에서의 여학교 생활은 또 얼마나 활기찼던가! 학교는 전체가 열정의 도가니였다.

가르치는 선생님이나 배우는 학생이나 모두가 새로운 시대의 희망에 부풀어 정열이 포화 상태로 터질 것 같은 그런 시대였다. 미국의 민주주의 물결이 이 나라에도 밀려와 학교는 자유민주주의 교육을 표방했고, 우리는 그 속에서 활기차게 학교 생활을 했다. 자유와 민주주의는 말끝마다 붙어다녔고 온 국민이 조국의 재건에 있는 힘을 다하던 시절이다. 우리들 앞날에는 좋은 세월만 올 것 같은 희망에 찬 나날을 보냈다.

그러던 어느 날 돌발한 6·25동란!

부풀었던 우리들의 희망은 산산이 부서졌고, 전쟁으로 생활은 일순간에 무너지고 말았다. 세상이 어찌 돌아가는지도 잘 모르지만. 그러나 아련히 무지갯빛 꿈을 꾸던 소녀는 처참한 고난의 피난길에 나서야 했다. 전쟁이 일어난 이듬해 봄, 학생들은 우선 거주 지역에 있는 학교에 등록하여 수업을 받을 수 있게 되었다.

나도 피난지 부산에서 근처에 있는 학교에 등록하고 공부를 계속했다. 이 나라의 교육은 몇 개월간만 중단되었을 뿐 전쟁 중에도 학교 공부는 계속되었다. 학교 교사(校舍)는 군(軍)이 전쟁을 수행하는데 징발되어 비워 주고 학생들은 골목의 계단이나 공터에서 공부해야만 했다. 뙤약볕 아래에서 무릎에 책을 올려놓고 선생님의 말씀을 듣고 있던 그 어린것들의 모습이 지금도 눈에 선하다. 내가 다니던 학교에서도 교실은 대부분 군에서 쓰고 우리는 협소한 교실의 맨바닥에 앉아 공부했다.

나는 요즘의 풍족함 속에서 이념이랄 것도 없는 주장을 맹목적으로 내세우며 파괴와 도전을 일삼는 학생 같지 않은 학생이나 젊은이들을 보면 그 무분별한 지성인답지 않은 행동에 분노와 좌절을 느낀다.

이 나라가 어떻게 세워진 나라인가? 그들은 현재는 과거가 아니라고 반론한다. 하지만 과거와 이어지지 않은 현재는 없는 것이고 또 현재는 미래의 좋은 밑거름이 되어야 하지 않는가.

스승을 모독하고도 양심의 가책을 느끼지 않는 학생, 인간의 존엄성이 가차 없이 짓밟히고 타락해 가는 이 사회가 한심스럽고 두려워지기까지 한다. 전쟁 중의 그 시절 우리는 학교에 다닐 수 있는 것만으로도 큰 축복으로 여겼던 것이다. 서울의 모교도 부산에 내려와 영도(影島)에서 개교하였기에 나는 모교로 갔다.

학교는 가동(稼動)이 중단된 어떤 공장의 마당이었는데, 우리는 그곳에 천막을 치고 가마니를 깔고 수업을 시작했다. 다시 만난 학우들은 서로 얼싸안았다. 살아 있었구나! 감격의 포옹이었다. 친구 중에는 유탄에 맞아 저세상으로 간 아이도 있었고, 가족과 함께 북으로 간 아이도 있었다. 피난길에서 전투에 휘말려 퍼붓는 폭격에 부모님을 한꺼번에 잃고 혼자 살아남아 울부짖으며 그래도 떠나올 수밖에 없었다는 친구의 기막힌 이야기는 우리들 모두를 눈물짓게 했다. 전에 만난 일이 있는 그 아이 어머님의 수수한 모습이 떠올랐다.

슬프고도 놀라운 이러한 사연들은 끊이지 않았다.

전쟁은 잠으로 저질하고 냉혹했다. 하루는 학교에 등교하니 지난밤에 사납게 불어대던 비바람에 천막은 무참히 쓰러졌고, 가마니는 비에 젖어 있었다. 우리는 선생님과 같이 쓰러진 천막을 일으켜 세우고 가마니를 내어다 햇빛에 말렸다. 그때 뜻밖에도 우리는 선생님의 소리 없이 흐르는 눈물을 보게 되었다. 재잘거리던 우리는 그만 숙연해졌다. 그리고 내 마음도 서글퍼졌다.

지금은 고인이 되신 선생님!

그해 따라 추위는 왜 그리 기승을 부렸는지…. 더구나 항도(港都) 부산은 몰아치는 바닷바람이 몹시 거세어서 우리의 겨울은 유난히 추웠다. 담벼락에 붙여 지은 가교사(假校舍)는 사방에서 바람이 숭숭 들어왔고 흙바닥의 교실은 발이 몹시 시려웠다. 손은 얼어서 글이 제대로 써지지 않았다. 목로주점의 술상 같은 기다랗게 못질해 적당히 만든 책상과 걸상에 한 열 명씩 마주 보고 앉아서 공부를 했는데 어쩌다 아이들이 동시에 일어나다 보면 한쪽 끝에 무심히 앉아 있던 아이는 걸상과 더불어 엉덩방아를 찧기가 일쑤였다.

잉크는 쏟아지고 노트는 잉크로 범벅이 된다. 아이들은 깔깔거리고 교실은 웃음바다가 된다. 조심성이 없어서인지 이런 일이 자주 일어나곤 했다. 그 와중에 학제가 바뀌어 중학교, 고등학교로 분리되면서 교과는 격상(格上)되어 우리는 철학, 논리, 심리, 교육학 등 수준 높은 학문을 배웠다. 존 듀이의 실용주의 철학을 강론하시던 선생님은 후에 대학 학장으로 진출하셨다.

우리들의 생활은 비록 가난하고 슬프고 고통 속에서 초라한 생활이었지만 사고(思考)는 자못 형이상학적(形而上學的)이었다고나 할까, 아무튼 꿈이 있었고 당당한 자존심을 가진 학생들이었다고 볼 수 있다.

점심시간이면 가까이에 있는 등대(燈臺)로 나갔다. 탁 트인 푸른 바다, 저 멀리 태평양까지도 이어졌을 그 바다를 향해 우리는 노래를 불렀다. 배고픔을 달래면서…. 아름다운 세레나데의 멜로디는 넘실거리는 파도를 타고 흘러갔다.

마지막에 꼭 부르는 김동진 곡의 〈가고파〉, 이 노래를 부르며 우리는 얼마나 서울을 그리워했던가!

아, 전쟁은 언제 끝날까? 서울에는 언제쯤 가게 될까.

"얘 우리가 다니던 그 골목은 그대로 있겠지?" 한숨 섞인 이야기는 이어진다. 한창 예쁘고 꿈 많은 여고 시절을 우리는 이런 생활 속에서 보내고 말았다. 동족상잔이라는 이 추악하고 비극적인 전쟁은 티 없이 맑고 깨끗한 소녀들의 가슴에 깊은 상처를 주었다. 전쟁 속에서도 2년이란 세월은 흘러갔다. 따스한 봄날이 왔다. 전쟁 전에 250명이던 학우들은 다 어디로 갔는지 겨우 40명만이 눈물 속에 졸업을 했다.

우리들의 낭만과 우리들의 희망, 우리들의 그 많은 한숨과 고통이 배어 있는 학교를 뒤로하고 우리는 제각기 갈 길을 향해 뿔뿔이 헤어져 갔다.

치열한 전쟁을 치르면서도 2세의 교육은 계속되고 있었다는 이 놀라운 사실은 우리 민족의 우월성을 말해 주는 것이 아닐까. 전쟁은 우리를 더 강인하게 만들었고 우리는 잿더미에서 다시 일어나는 의지(意志)를 배웠다. 나는 형편상 학업을 계속하지 못하고 30여 년이 흐른 후에야 대학 교육을 받을 수 있었다.

그때의 감격을 나는 어떻게 표현할 수 있을까! 있는 힘을 다해 열정을 쏟았던 5년여의 기간은 무척 힘들었지만, 그러나 행복한 시간들이었다. 교육은 사람을 순수하게 하고 삶에 희망을 불어넣어 준다. 이제 지난날의 고난이 헛되지 않아, 나라는 눈부시게 발전하였고 교육의 문도 크게 열려 바야흐로 열린 교육의 시대를 맞이했다. 그 일환인 대학 평생교육원에서 하고 싶었던 문학 수업을 받고 있는 나는 교수님의 명강(名講)을 들으며 감사의 마음을 금치 못한다.

교육의 궁극적인 목적은 사람 만들기에 있는 것일진대, 앞으로 학교 교육은 좀 더 인성(人性) 교육에 치중하여 올바른 사람들을 많이 양성해 주기를 바라는 마음 간절하다.

교육은 충격이라 한다. 내게 있어서 교육은 충격인 동시에 감동이다.

남(南)으로 가는 길

　흥남(興南) 내호마을은 파도가 잔잔한 자그마한 포구였다.
　내가 그곳에 도착한 것은 1946년 8월 15일 낮 12시쯤이었다.
　그날 아침 이모님 댁을 떠나올 때 이모는 내가 길모퉁이를 돌 때까지 우두커니 서서 눈물을 닦고 계셨다. 내 가장 사랑하는 이모는 그 후 영영 만나지 못하고 말았다.
　"우리도 곧 서울로 올라갈게다." 하시던 이모부님의 말씀도 빈 말이 되고 말았다.
　나는 이모부님과 헤어서 어떤 음식점의 넓은 방으로 안내되었다. 거기에는 많은 사람들이 붐비고 있었는데 나도 그 방의 한 귀퉁이에 끼어 앉았다. 서로 말들은 없고 표정들은 태연을 가장하고 있었지만 실내는 무거운 분위기가 감돌고 있었다. 긴 여름의 해도 서산에 지고 저녁도 저물어 밤이 되었다. 밤은 점점 깊어 갔고 방 안에는 여기저기 드러누워 잠이 든 사람도 있었다. 우리는 긴장 속에 초조하게 앉아 있었다. 드디어 두어 사람씩 짝을 지어 조용히 포구로 나가라는 전갈이 은밀히 전달되었다.

우리들은 하나 둘 소리 없이 그곳을 빠져나왔다. 컴컴한 포구에는 여러 척의 범선들이 정박하고 있었고 검은 파도가 배 밑창을 철썩거릴 뿐 바다는 정적에 싸여 있었다. 사람이라곤 우리들과 몇몇 짐 싣는 사람들뿐이었다. 우리는 그중 한 배에 올랐다. 그리고는 재빨리 갑판 위에 열려 있는 입구로 사다리를 타고 배 밑칸으로 들어갔다. 순간 생선 비린내가 확 끼쳤다. 몹시 역겨웠다.

거기는 아마 생선을 싣던 곳이었던 것 같다.

"절대 소리 내어서는 안 된다."는 뱃사람의 주의를 들으며, 우리는 숨을 죽이고 그 속에 쪼그리고 앉았다. 우리가 내려온 그 출입구로 여름의 밤하늘이 높다랗게 보인다. 두텁게 덮여 있는 구름을 뚫고 휘영청 밝은 달이 얼굴을 내밀었다. 주위가 갑자기 환히 밝아졌다. 그때가 아마 음력으로도 보름이었던 모양이다.

어른들은 고개를 내미는 달을 원망하는데, 달은 유유히 구름 속을 들어갔다 나왔다 하며, 우리를 훤히 내려다본다. 구름은 달빛에 비치어 흐르는 듯 떠 있다. 어둠 속에 움직이는 사람들의 시커먼 그림자는 무엇인가 다급한 분위기를 느끼게 했다.

갑판 위로 분주히 오가는 뱃사람들의 짐 나르는 숨소리만 크게 들릴 뿐, 모두가 침묵 속에 있다. 무서운 상황에서도 마지막 떠나는 그 땅의 하늘과 구름, 달과 별들은 어찌 그리도 아름다운지···.

어린 나는 하늘만 바라보고 있었다. 지금도 그 하늘은 생생하게 내 기억에 떠오른다. 오랜 시간을 우리는 배 속에 갇혀 있었다. '어째서 빨리 안 떠남매.' 어른들이 소곤댄다. 죽은 듯이 기다리던 긴 시간이었다.

드디어 무슨 일이 일어나더라도 갑판 위로 머리를 내밀지 말 것과 기침 소리도 내어서는 안 된다는 주의가 떨어졌다. 그리고 조금 있더니 배는 '끼익' 노 젓는 소리와 함께 움직이기 시작했다. 끼익 끼익 노 젓는 소리는 점점 빨라졌다. 배는 쏜살같이 어둠을 헤치고 바다 쪽으로 나간다. 우리는 가슴이 뛰기 시작했다.

등대만 무사히 벗어나면 된다는데 모두가 초조하다. 그때다. '땅 땅' 두 발의 총성이 났다. 우리는 깜짝 놀랐다.

어둠 속에서 갑자기 터지는 총소리에 나는 어리둥절했다. 총성은 경비병과 미리 짜 놓은 각본이었다. 배는 무사히 등대를 벗어나 멀리멀리 공해로 빠져나왔다. 길고 긴 악몽 같은 밤이 지나고 새벽하늘이 뿌옇게 동트기 시작했다.

"자, 이제는 갑판 위로 올라와도 좋소." 뱃사람이 소리쳤다.

우리는 안도의 한숨을 내쉬면서 모두 갑판 위로 올라왔다.

아! 보라. 우리 앞에 펼쳐진 망망한 아침 바다. 그 비장(悲壯)한 아름다움에 일제히 탄성을 질렀다. 거기에는 살았다는 기쁨의 소리도 같이 있었으리라. 바다와 하늘은 태양빛에 붉게 물들어 있었고 새벽바람은 추위를 느낄 만큼 싸늘하다. 구름 사이로 태양이 솟아오르려고 한다. 우리들은 모두 경건해지면서 감격의 숨을 내쉰다. 뱃사람들은 노를 놓고 휴식에 들어갔다. 사람들은 그제서야 환한 얼굴로 말문을 열었고 우리의 남(南)으로의 긴 항해는 시작되었다.

배에는 나까지 아이들이 넷이다. 그리고 함흥 학생 사건에 연루되어 시베리아로 끌려갈 뻔했다는 학생 한 명이 끼어 있었다.

그 외에는 모두 어른들이다. 뱃사람 다섯 명을 포함해 모두 스물두 명이 타고 있었다. 배는 순조롭게 파도를 가르며 나가고 있었다.

해는 바다에서 뜨고 바다로 진다. 낮에는 뜨거운 폭염이 내리쬐고 밤은 시원했지만 소금기 머금은 바람이라 끈적끈적하여 상쾌하지는 않았다. 캄캄한 바다 위로 아이들과 그 어머니가 부르는 찬송가가 조용히 퍼져 나갔다. 어른들은 두런두런 두고 온 고향 이야기를 한다. 나는 그런 어른들의 이야기를 들으며 잠이 들기도 했다.

우리를 태운 배는 아스라이 해금강을 바라보며 남으로 남으로 향했다. 바다 한가운데 딱 하나 떠 있는 아주 작은 섬도 보았다. 나무는 없고 풀로만 덮여 있는 파란 귀여운 섬인데 많은 새들이 날아와서 알을 낳는다 하여 알섬이란다. 나는 또 바닷물이 두 방향으로 갈라져 흐르는 것을 보았다. 지금 생각해도 그것은 이상하다. "바다에도 38선이 있는가 보지." 사람들은 한마디씩 한다.

우리의 항해는 며칠이 지났다. 어디를 보아도 푸른 물과 푸른 하늘뿐, 어쩌다 갈매기만 날아와도 우리는 반가웠다.

바람이 불지 않아 배의 속도는 점점 느리다. 자고 나도, 자고 나도, 배는 그 자리에 있는 것만 같았다. 어른들은 초조함을 감추지 못한다. 예정보다 항해가 늦어지는 바람에 식수마저 배급제가 되었다. 바람 한 점 없이 내리쬐는 햇빛은 뜨겁고 목이 탄다.

그러던 어느 날 북으로 가는 배를 만났다.

"여보시오~. 여보시오~." 서로 소리 지르며 상황을 물어본다. 그 배는 바람을 등지고 시원스레 달린다. 우리는 부러웠다.

"잘 가시오." 인사를 나누며 배는 멀어져 갔다. 바다 위에는 또 다시 우리뿐. 그런데 멀리서부터 바닷빛이 이상하게 거무스름해져 온다. 이것은 바람이 오고 있는 것이란다. 그러더니 차츰 하늘이 구름으로 뒤덮이기 시작했다. 삽시간에 하늘과 바다가 컴컴해져 온다. 번개가 하늘을 가르더니 비가 쏟아지기 시작했다.

　빗줄기는 거세진다. 광풍이 몰아치고 파도가 일기 시작하더니 바다는 미친 듯이 울부짖었다. 파도가 높이 솟았는가 하면 하얀 거품을 쏟아부으면서 우리 배 옆으로 세차게 흘러갔다.

　바람은 폭풍우로 변해 장대 같은 비가 내리퍼붓는다. 배는 바람을 타고 쏜살같이 달리기 시작했다. 기분 좋았던 것은 잠깐. 산더미 같은 파도가 갑판 위로 쏟아져 내렸다. 우리는 파도에 쓸려 배 한켠으로 굴러갔다. 뱃사람들은 다급한 목소리로 외친다.

　"배가 기우니까 빨리 위쪽으로 올라오라." 우리는 물바다가 된 갑판 위에서 재빨리 기어오르다가는 또 쓸리고, 그러기를 얼마나 되풀이하였는지 모른다. 배는 번쩍 들려 파도 꼭대기까지 올라간다. 그럴 때는 우리가 마치 공중에 매달려 있는 것 같은 느낌이다.

　나는 눈을 감고 엎드렸다. 배는 다시 떨어진다. 떨어질 때면 바다 저 밑으로 가라앉는 것 같아 올라갈 때보다 더 무섭다.

　참으로 노한 바다는 무서웠다. 배는 요동을 치고 배 위로 파도는 사정없이 쏟아시고, 우리는 숨 쉴 새도 없이 물살에 휩쓸렸다. 모두가 공포에 말을 잃었다. 광풍에 돛대마저 부러졌다. 사람들은 소리치고 뱃사람들은 바람에 찢기고 있는 돛으로 기어올라 필사적으로 끌어내렸다. 그 사투(死鬪)하던 모습은 지금도 잊을 수 없다. 민첩함과 용맹스러움 그리고 날쌘 남자들의 힘의 위대함을 나는 그때 보았다.

내리퍼붓는 폭우와 미쳐서 날뛰는 파도 속에서 우리는 정신을 차릴 수 없었다. 공포 속에서 얼마를 지났을까? 빗줄기가 약해지더니 바람도 그 세력이 누그러졌다. 파도는 여전히 산맥을 이루고 하얀 거품을 내뿜으며 소용돌이친다. 갑자기 누군가가 소리쳤다. "고래다." 음산한 하늘 아래 시커먼 고래 등이 멀리 물 위에 솟아 있었다. 이번에는 고래의 행방을 지켜보아야 했다. 배 밑에라도 오면 큰일이란다. 고래는 자취를 감추었다. 그러더니 왼쪽에서 본 고래는 어느 틈에 갔는지 저 멀리 오른쪽에서 등을 보이더니 사라졌다. 배는 화살같이 달린다. 어서어서 가야지.

비는 여전히 내렸다. 그때 뱃사람이 외쳤다. "육지다." 어느 틈엔가 아련히 수평선 위에 육지가 나타나 있었다. 우리는 함성을 질렀다. 배는 육지를 향하여 내달린다. 사람들은 마음이 급해졌다. 뱃사람들은 노를 힘차게 저었다. 배는 목적지인 주문진에 닿지 못하고 바로 그 앞에 있는 조그마한 섬에 서둘러 대었다.

생사를 같이 한 뱃사람들은 다시 북으로 돌아간다고 했다.

우리는 섭섭한 마음으로 그들과 작별했다. 그리고 그날 저녁 실로 거의 보름만에야 땅 위에서 잠을 잤다. 그 다음 날 일행은 다시 트럭을 타고 서울로 향했다.

목탄으로 달리는 트럭이라 높은 고개는 차에서 내려 걸어서 넘어야 했다. 그래도 우리는 희망과 기쁨이 넘쳐 힘든 줄 몰랐다.

트럭은 서울로, 서울로 달리고 달렸다. 우리는 어떤 고갯마루에 있는 어두컴컴한 집에서 매캐한 냄새를 맡으며 하룻밤을 자기도 하고, 파출소에서 조사도 받았다. 또 소독을 한다고 DDT 세례까지도 받았다. 그러나 그때 우리에게는 어떤 고생도 문제되지 않았다. 차는 계속 달리고 있었다. "서울이오!" 외치는 소리에 나는 벌떡 일어났다. 아! 서울. 길가에 상점이 즐비하다. 상점에는 과일이 정연하게 쌓여 있다. 거리를 보노라 정신을 팔고 있는데 느닷없이 주위가 어두워지더니 천둥번개가 치면서 소나기가 쏟아졌다.

길에는 사람이 보이지 않고 우리를 태운 차만 빗속을 달린다.

포도(鋪道) 위는 물보라가 뽀얗다. 모두가 물에 빠진 생쥐 꼴이다. 그래도 얼굴에는 희열이 넘친다. 자유는 이렇게도 좋은 것이다. 우리는 그 자유를 찾아 목숨을 걸고 넘어온 것이다. 차는 대학병원 앞에 멎고 나는 차에서 내렸다. 어머니가 입원하고 계신 병동은 빨간 벽돌 건물이었다. 안내해 주는 간호원 언니를 따라 긴 복도를 걸어갔다. 병실 문에는 그리운 엄마 이름이 적혀 있었다.

나는 문을 열고 들어갔다. "엄마!" 울먹이며 엄마를 불렀다.

엄마는 핏기 없이 하얗고 몹시 수척한 모습이다. 황급히 병상에서 내려오신 어머니, "에구, 우리 수자 많이 컸구나." 모녀는 부둥켜안고 그저 울기만 했다. 7개월 만의 해후였다.

세월은 흘러 내가 38선을 넘어온 지도 어언 50년이 되었다. 분단된 나라의 어린이였기에 겪어야 했던 그 무서운 일들을 회상하니 새삼 가슴이 아파 온다. 대체 역사는 우리 어린이들에게 무엇이란 말인가. 나는 이 글을 맺으며 2차 대전 중 나치 독일하의 유태인 소녀, 그 슬픈 소녀 '안네 프랑크'를 생각해 본다.

꿈길

통일은 내게 있어 고향과 직결된다. 그것은 멀리 북쪽 땅, 한때 여진족도 살았다는 함경도 땅, 눈물의 그 땅이 내 고향이기 때문이다.

사람은 너무 감동하면 말을 잊듯이 나는 고향 하면 가슴이 미어와 생각마저 멎고 만다. 고향은 내 눈물이고 고향은 내 꿈이다.

꿈속에는 제2의 현실이 있다고 원시문화 시대의 사람들은 믿었다고 한다. 오늘날 21세기를 살고 있는 우리는 꿈속에는 어떤 암시나 영감 같은 신비로움이 있다고 믿는다. 우리는 때로 너무나 적중하는 꿈의 영험함에 놀랄 때가 있다.

"꿈은 우리의 마음, 즉 자아 욕구의 산물이다. 모든 예술, 아니 온갖 발명 또는 발견에 이르기까지 모두 이 '꿈'이 구상화(具象化)된 것이다." 일본의 작가 이토오 히도시가 그의 『문학과 예술의 심리학』에서 말했듯이 많은 예술가들은 꿈에서 어떤 영감을 얻는 경우가 있다는 것이다.

오늘의 통일도 이 민족이 간절히 바라며 꾸고 또 꾸었던 수많은 꿈들의 힘을 현실화한 것이 아닐까? 나는 엉뚱한 상상을 해본다.

내 강한 열망도 이러한 맥락으로 꿈이 되어 나타나는지 내게는 늘 비슷한 내용으로 꾸는 꿈이 있다.

그 꿈은 고향과 나를 이어 주는 유일의 수단이고, 그래서 나는 늘 꿈꾸기를 바랐다. 설레는 마음으로 한껏 부풀어 발걸음을 재촉하는 고향 가는 꿈은 꿈속에서도 매우 신나는 일이다.

꿈속에서는 통일 따위의 용어는 나오지도 않는다. 나는 그저 어릴 때의 내가 되어 당당히 옛날의 내 고향으로 가고 있는 것뿐이다. 그런데 웬일인지 고향 마을은 언제나 낯설은 딴 고장 같기만 하다.

그래도 꿈속에서 나는 낮은 소리로 내게 다짐한다. '여기는 내 고향이 맞아, 나는 고향에 온 것이야.'

걸어가고 걸어가건만 고향집은 도무지 나오지 않고 나는 밤새껏 걷기만 하다가 만다.

또 어떤 때는 골목 어귀를 돌아 겨우겨우 집 앞까지 당도한다. 막 대문으로 들어가려는 찰나에 꿈은 영락없이 깨어지고 만다.

고향길은 꿈길에서도 먼 길이었다.

서운하고 야속하고 슬퍼서 눈물은 흘러내려 베갯잇을 적실 때도 있었다.

늘 미진한 채로 허무하게 끝나고 마는 이러한 꿈들이 은연중에 뇌리에 박힌 것일까? 꿈속에서도 마음은 항상 조급하다.

걸어도 걸어도 걸음은 그 자리에서 맴돌고 마는 이런 애절한 꿈을 나는 수없이 꾸었다. 몇십 년을 한결같이…….

얼마나 기다렸던 귀향인가.
북으로 돌진하는 경원선 열차를 타고 나는 지금 고향으로 가고 있다. 몇십 년을 묶여 있던 38도선이 무너진 것이 바로 한 달쯤 전의 일이다.
처절하게 대치하고 있던 두 체제가 하나로 융합되어 그토록 바라던 통일이 이루어진 것이다. 서로에게 희망과 안녕을 주는 평화의 통일이 우리에게 온 것이다.
기차는 가공할 속도로 달린다. 차창으로 내다보는 바다, 늘 꿈속에서 헤매이던 푸른 파도가 힘차게 밀려드는 북쪽의 동해를 나는 정신없이 바라본다.
원산, 함흥을 거치더니 눈 깜박할 사이에 기차는 내 고향 속후에 도착했다. 이렇게 빨리 올 수 있는 것을 나는 왜 그리도 길게 기다려야 했을까.
역은 그때나 다름없이 작은 소역(小驛)이다.
야트막한 철로변 울타리에는 그때처럼 하늘하늘 코스모스가 무리지어 피어 있다.
이것은 진정 꿈이 아니었다. 이제야 정말 고향에 온 것이구나. 나는 안도의 숨을 길게 내쉬며 역 앞 광장에 서서 주위를 둘러본다.
이 세상 어디에 이렇게 긴 여행이 있다는 말인가? 마음속에는 황량한 바람이 분다.
저기 광장 건너에 딱 하나 있던 푸른빛 2층 집도 옛날 그대로구나. 하천산 봉우리도 저어기 의연히 솟아 있고 청명한 하늘도 틀

림없는 그때 그 하늘이야. 은은한 풀향 같은 고아한 이 내음은 또 어떻고.

마을에 가득히 안개처럼 피어오르던 그래서 하늘에 올라 새털구름이라도 될 것 같던 저녁연기의 향기, 솔가지가 타는 독특한 우리 고향만의 내음이다. 가슴을 활짝 열고 고향 내음을 듬뿍 들이마신다.

우선 친척부터 만나야지, 황급히 짐보따리 들고 바빠지는 마음으로 서둘러 신작로를 내닫는다.

보고 싶은 내 친구 채죽이도 잘 있겠지. 그때 그대로 열세 살 소녀로 있을 거야. 큰아버지 큰어머니도 중년의 활기찬 건장한 젊은 몸으로 계시겠지. 흥분으로 마음은 두서를 잃고 생각은 갈팡질팡이다.

아니 먼저 내가 살던 집부터 찾아갈까. 뒤울안 복숭아나무도 이제는 거목으로 자라났겠네. 학교 운동장 옆 솔밭은 또 얼마나 울창해졌을까.

나무는 세월 속에 자라나고 사람은 세월 속에 그대로 있어 주기를 나는 어리석게도 바라는 것이다.

읍내에는 사랑하는 선생님이 계신다. 해방으로 온 세상이 환희에 가득찼던 시절 조시지 선생님은 우리 반 담임이셨다.

해방의 감격 속에서 선생님은 어린 우리를 열과 성과 사랑을 다해 가르치셨다.

열악한 환경에서도 우리에게 늘 희망을 불어넣어 주시던 선생님, 나는 선생님께 분에 넘치는 사랑을 받았으면서도 감사의 말씀 한마디 드리지 못하고 50여 년의 세월을 보내고 말았다.

더 늦기 전에 선생님을 찾아뵈어야 한다. 뵈옵고 나는 내 생이 끝날 때까지 선생님을 잊지 못한다는 말씀을 꼭 드려야 한다.

그리고 이제 나는 바다로 갈 것이다.

큰외삼촌이 눈부시게 헤엄치시던 바다, 내 어린 꿈이 아직도 깃들었을 해당화 피는 바닷가, 노래 부르며 놀던 모래산 기슭, 그 그림 같은 송림 속의 호숫가에도 나는 갈 것이다.

내 곁으로 돌아와 준 고향 산천, 아름다운 산과 들과 바다, 그리고 하늘과 풀숲 사이로 고요히 흐르던 내를 그립고 그립던 사람들을 나는 어린 내 사랑과 손을 잡고 즐거이 즐거이 찾아다닐 것이다.

통일이 되면 곧 들이닥칠 서로 간의 이념 차이는 어떻게 극복할 것인가.

문학은 또 어떻게 서로 이해를 넓힐 수 있을까. 사회주의 체제하에서 폐쇄적으로 살아온 사람들의 글이 우리에게 얼마나 공감을 줄 것인가. 굳어져 버린 서로 간의 이질감을 극복하는 일은 남이나 북이나 다같이 알에서 깨어나는 고통스러운 일이 아닐 수 없을 것이다.

『통일의 저력—독일 반세기의 역동성』(서병철 편저, 도서출판 백산문화) 중 〈동서독 문화 협정이 남북한 문화 협정 체결에 주는 시사점—이장희〉 편에 보면 동서독은 통일이 되기 훨씬 이전부터 문학 작품의 상호 소개가 있어 왔다는 것이다.

특히 서독은 동독 문학 작품에서 그들의 생활 태도를 감지했고 서로 간의 인식 차이를 좁히기 위해 문학상 수여(예: Thomas-Dehler-Preis)를 장려하면서 동독 작품을 소개하는 데 적극 힘썼다고 한다.

이러한 순수한 민족 간의 상호 존중하는 문화 교류가 서로 이해하고 포용하는 데 기틀로 제공되었다는 것이다.

우리 문학계도 교류의 문을 활짝 열고 서독의 문학상 수여 같은 문화 정책을 의욕적으로 과감히 시도해서 통일의 대역사(大役事)의 일익을 담당하는 역군으로 자부심을 가질 수 있게 되기를 바란다.

민족의 역사적 사명을 위해 우리 모두 현명한 지혜와 힘을 모을 때다.

제2부

숲의 소리

이름 모를 귀한 풀

언제 어떻게 묻어온 것일까. 붓꽃 화분 한 귀퉁이에 이름 모를 풀이 이파리도 싱싱하게 자라고 있다. 나는 잎사귀가 너무 소담스러워 조심스럽게 떠서 큼지막한 화분에 옮겨 심었다. 그리고 물을 때맞추어 주었더니 아주 잘 자랐다. 마치 값비싼 관엽식물처럼 잎이 아주 풍성하였다. 여름을 지나 가을까지 그 왕성한 자생력과 싱싱함을 바라보면서 우리는 얼마나 흐뭇했는지 모른다. 그러던 것이 월동을 하고 난 금년에는 줄기만 굵어지면서 웃자라가는 모양새다. 키만 꺼새같이 마냥 자란다. 보다 못한 우리 집에서는 풀때기 보기 싫다면서 뽑아 버리라고 한다. 그럴 적마다 나는 "어느 것은 풀이 아니냐."고 엄밀히 말해서 모든 화초는 다 풀이라고 항변하면서 풀의 생명을 붙여 두었다.

그런데 풀은 키만 커질 뿐 마치 무장다리같이 대궁이만 남을 것인지 잎은 영 볼품없이 되어 간다. 할 수 없이 나는 가위를 들고 나갔다. 줄기 옆에서 나오는 곁가지를 키우면 그전같이 큼직한 잎들이 피어나지 않을까 하는 생각으로 가위를 줄기에 들이댔다. 그때 마지막으로 대체 향기나 있는 걸까 하고 맡아 보았다.

그런데 이게 웬일인가 나는 깜짝 놀랐다. 그 향기 은은한 것이 너무 좋지 않은가. 그것은 엷은 백합 향기처럼 고상한 향기였다. '그래, 너를 자를 수는 없다.' 나는 가위를 도로 들고 들어왔다.

모든 생물체는 각기 그 나름 생존의 가치를 지니고 있는 것을, 그리고 생명 있는 것은 살아갈 권리가 있는 것이다.

풀은 그윽한 향기를 뿜으며 내게 많은 것을 말하고 있다. 집에서도 더 이상 자르라고 하지 않는다. 지금도 우리 집 베란다 한쪽에는 그 물색없이 크기만 한 이름 모를 풀이 당당히 버티고 서 있다. 나는 너를 저절로 저절로 사라질 때까지 그냥 두리라.

지난 5월 안면도에 갔을 때의 일이다.

햇빛은 찬란하고 바람은 살랑살랑 그야말로 5월의 훈풍이다. 아직 시간이 일러서인지 거리에는 사람이 보이지 않고 해풍을 머금은 공기는 더 없이 맑기만 하다. 참으로 신선한 아침이다. 해맑은 언덕길을 내려오는데 길가 어떤 집 담장에 찔레꽃이 무더기로 피어 있었다. 어릴 때 고향 바닷가 가는 길에 피어 있던 찔레꽃이 생각나서 나는 반가웠다. 찔레는 늘 내게 향수를 일으키는 꽃이다. 상큼한 그 독특한 향기는 내가 어렸을 때 무척 좋아하던 향기다. 한 가지 꺾어 포켓에 꽂고도 싶었지만 그러기에는 내 나이에 어울리지 않는다.

찔레의 잔잔한 소박함은 가난하고 슬펐던 우리 선조들의 삶을 닮았다. 그래서일까 소리꾼 장사익은 찔레꽃을 노래하면 목이 메인다. 우리는 들으면서 목이 메인다.

우리 곁에 살고 있는 그 수많은 풀에는 꽃에는 나무에는 우리 삶의 이야기가 스며 있다.

이제 나는 풀 한 포기도 꽃 한 송이도 함부로 꺾지 못하는 그저 바라만 보는 그런 나이가 되었다. 한때는 코스모스를 좋아했고 그래서 한 아름씩 마구 꺾기도 했다. 내 나이 30대 40대 때에는 왜 그리도 장미가 좋았던지 그 육감적이고 고혹적인 아름다움에 매료되어 값도 비싸고 쉬 시들어 버리는 장미를 사다가 항아리에 꽂기도 했다. 그러나 지금은 자른 꽃은 사지 않는다. 꽃이 아닌 볼품없는 풀조차 좋게 보이는 너그러움이랄까. 아무튼 사랑할 줄 아는 마음이 내게도 생긴 것이다. 이제사 진정한 사랑이 어떤 것인가를 조금은 알 것 같다.

이름 없는 풀도 귀하게 여겨지는 나는 어느덧 부드러운 관조(觀照)의 연륜에 들어선 것일까.

들판의 비애

 들판은 형체조차 없이 사라졌다. 그 자리에는 시뻘건 황토벌만이 끝없이 펼쳐져 있다. 조그마하게 앉아 있던 산도 언덕도 그 있던 자리조차 가늠할 수 없다. 길게 둘러쳐져 있던 산줄기만 가까스로 남아 있다. 대체 이 대재앙의 광풍은 어디에서 불어온 것이냐. 산줄기 끝자락에 있던 10여 호 남짓한 작은 마을도 사라졌다. 마을을 감싸고 있던 소나무도 밤나무도, 또 봄이면 예쁘게 꽃 피우던 살구나무도 모두모두 온데간데없다.
 나는 오랫동안 이 마을을 지나다녔다. 한적하고 순박한 마을을 보는 것도 내게는 즐거운 일이었다. 여기서는 집을 지키는 누렁이마저도 순하디순해서 낯선 나를 보고도 두어 번 컹컹 짖다가는 줄레줄레 따라나선다. 마을에서 사람은 별로 만나지 못했다. 순수하고 아름답던 그 모두가 사라진 지금 이곳에는 새소리 하나 들리지 않고 날짐승 하나 볼 수 없다.

생명의 어떤 소리도 들을 수 없는 오직 땅을 파고 있는 포클레인의 둔한 움직임만이 멀리 내려다보인다. 나는 망연자실 멍하니 서 있었다. 고개를 들어 하늘을 쳐다보았다. 하늘에는 구름이 둥실 떠 있었다. 저 떠 있는 구름은 진정 구름인가? 모두가 믿기지 않았다. 나는 순간 무서운 공황(恐慌) 속에 빠져들었다. 멀리 살아남아 있는 산에라도 들어가 보고 싶었지만 길은 어디에도 없었다. 마을과 이어져 있는 그 산속 길은 양쪽으로 나무가 제법 우거져 오솔길답게 싱그럽고 고즈넉한 걷기 좋은 길이다. 산길을 조금 들어가면 꽤 넓은 터에 해양수련원이 있다. 내가 꼭 쉬었다 가는 곳이다. 꽃밭이 조성되어 있고 호리호리한 자작나무까지 몇 종의 나무도 있다. 나는 벤치에 앉아 글도 쓰고 목마름도 축이고 바다에서 불어오는 시원한 바람에 땀도 식혔다.

오늘 나는 그 모두를 잃고 허망히 돌아간다. 무거운 발길을 돌리는데 어쩌다 포클레인 칼날을 피한 한 뼘 남짓의 둔덕이 길가에 남아 있었다. 둔덕에는 살아남은 들풀들이 납작 엎드려 붙어 있었다. 나는 반가웠다. 허리 굽혀 숨죽이고 있는 풀들을 쓰다듬었다. 눈물이 왈칵 터졌다. 흙먼지를 뒤집어쓴 애처로운 풀포기를 조심스레 몇 줄기 뽑아 가방에 넣었다. 풀잎이나마 들판의 흔적으로 간직하고 싶어서다.

대체 진정한 문명이란 어떤 것인가? 허물어진 들판을 보면서 나는 깊이 생각해 본다. 십여 년을 한결같이 찾아오던 고향같이 포근하던 들판이다.

사람은 어딘가에서 자기만의 숨을 쉴 수 있어야 한다. 나는 이 귀한 들판에서 늘 꿈을 꾸듯 문학의 숨을 쉬곤 했다. 이 들판은 사람의 간섭이 전혀 없는 자연 그대로를 간직하고 있는 보기 드문 곳이다. 거의 원시에 가까운 거칠은 그 황량함이 나를 더욱 사로잡았다.

들판의 이른 봄은 아직도 겨울 모습 그대로다. 풀싹들은 눈도 뜨지 않고 들은 텅 비었다. 그러나 들 한쪽 논에는 어느새 논물이 가득히 대어 있다. 이 들판의 봄은 논에서부터 오는가.

여름이 되면 들판의 땅 힘은 하늘을 찌른다. 온갖 들풀들은 제멋대로 마음껏 자라나 제각기 분방하다. 풀벌레들이 이리 튀어 오르고 저리 튀어 오르고 푸드득 꿩들이 풀섶에서 날아오른다. 이름 모를 새가 가느다란 가지에 앉아 있다. 사뭇 의연한 자태다. 들판에선 풀이든 새든 모두가 거침이 없다. 그들은 마음껏 자유를 구가하며 살아간다. 그럼에도 그들의 삶은 계절의 질서에 따라 충실히 영위되어 가고 있었다. 뜨거운 여름날 한낮의 들판에는 햇빛만이 강렬하게 쏟아질 뿐 고요하다. 멀리서 뻐꾸기 울음소리 한가로이 들려온다.

내가 다니기 시작하던 때는 들판에 황소가 말뚝에 매여 있는 것을 종종 볼 수 있었다. 어느 날 나는 놀라운 광경을 보았다. 홀로 우두커니 서 있는 황소 옆에 백로 한 마리 고요히 앉아 있었다. 그들은 각기 무슨 생각이라도 하는 것처럼 미동도 하지 않는다. 실로 놀라운 완벽한 이웃이었다.

하늘에는 노을이 물들어 가고 들판에는 서서히 저녁이 내려앉는다. 멀리 그늘진 들판 속으로 양 떼를 끌고 사람이 가고 있다.

모두가 자연 속으로 스며들어 가듯 무심히 흘러가고 있던 그 저녁의 들판을 나는 잊지 못한다. 그것은 슬픈 듯 아름다운 미의 완성이었다.

 들판은 오랫동안 내 작은 문학의 장원(莊園)이었다. 나는 이곳에서 몇 편의 작품을 썼다. 깊이 숨겨 놓은 나만의 보물처럼 혼자 찾아오곤 했던 들판으로의 나들이는 내 생활의 일부분이 되어 있었다. 그러나 이제 그 들판은 아련한 옛날이야기가 되어 버렸다.

 오늘날 우리 주변은 곳곳에서 개발이라는 이름으로 어떤 땅도 그냥 두지 않는다. 더구나 그 개발이라는 것은 오로지 경제 논리만을 앞세운다. 영종도의 이 들판에까지 어찌하여 아파트 단지가 들어서야 하는지 나는 좀 생뚱맞다는 생각이 든다. 과연 여기만이라도 그냥 둘 수는 없었던 것일까. 몇 해 전 논에서 일하던 중년의 농부가 하던 말이 생각난다. "땅값 오르는 것도 반갑지 않고 그저 마음 편히 이대로 이곳에서 살게만 되었으면 좋겠다."고 하던 그의 모습에는 그늘이 있었다.

 아름다운 이곳을 경제 면만 따져서 콘크리트 아파트로 가득 채운다는 것은 도대체 문화를 갖고 있는 국민으로서 할 수 있는 일인가 나는 분노한다.

 자연은 생명이다. 무자비하게 죽일 수는 없는 것이다. 구릉은 구릉대로 산은 산대로 모두 제 기능이 있는 것이다. 그 기능을 살리면서 시가지를 조성하는 마음 따뜻한 도시계획은 왜 안 되는 것일까.

 그늘진 산모퉁이를 고불고불 돌아가는 좁다란 산길은 얼마나 정겨운가. 그 길은 우리의 동심마저 불러일으킨다.

 서구의 선진국 어느 도시에서는 자기 집 정원수도 허락을 받고서야 자른다는 글을 읽은 일이 있다. 우리나라는 개발이라는 명목 하에 산 하나쯤은 예사로 없애 버린다. 자연의 훼손을 극소화하려는 노력은 처음부터 없는 듯한 행태다. 이렇듯 파괴를 서슴지 않는 오늘의 우리 민족은 정말 선한 민족일까. 비참하게 죽임을 당한 들판을 보며 나는 우리의 민족성마저 회의(懷疑)하게 된다.

우리는 과거에 참혹한 전쟁을 겪은 탓인지 모든 면에서 대단히 조급하다. 자연과 더불어 조금은 천천히 살아가려는 여유로운 마음은 미처 갖지 못하는 것 같다. 그 조급함 때문에 부실 공사는 사방에서 터지건만 좀처럼 고쳐지지 않는다. 겉치레만으로는 선진국이 될 수 없다.

우리는 좀 더 사려 깊은 감성과 지혜를 모아 자연과 공존하는 노력을 하여야 한다. 그리하여 정서적인 문화가 다져진 진정한 선진국을 만들어 가야 한다.

돌아오는 배 위에서 나는 영종도를 바라본다. 영종도는 아스라이 멀어져 간다. 수많은 자연의 이야기를 들려주던 들판, 들판은 사라졌다. 그러나 아름다운 그 들판은 내 가슴속에 영원히 살아 있을 것이다.

그해 유월의 광릉수목원

　잡다한 인파를 피해 나는 비 오는 날 광릉에 있는 수목원을 찾았다.
　젊은 남녀의 쌍이 간간이 보일 뿐 비에 젖은 수목원은 고요히 정적 속에 잠겨 있었다.
　지금 그곳에는 어떤 꽃들이 피어 있을까. 나는 서둘러 화목원(花木園)으로 갔다. 들어가는 오솔길 어귀에서 그만 놀라 발을 멈추었다. 마치 구름이 나무에 걸린 것처럼 솜사탕 같은 보랏빛 꽃 뭉치가 가지마다 뭉게뭉게 피어 있지 않은가. 나무 전체가 연보라빛이 되어 회색빛 하늘 아래 구름처럼 떠 있다. 대체 무슨 나무일까 나무에 팻말이 없으니 이름을 알 수 없다. 구름이 걸려 있는 것 같으니 구름꽃나무라고나 할까. 오솔길을 들어서니 저만치 나뭇가지 사이로 한 떨기 꽃이 피어 있었다. 빗속의 다홍색 꽃은 요염하다.

장미의 변종 같기도 하고 찔레 같기도 한데 나무 이름을 보니 명자나무란다. 역시 장미과였다. 그 옆 조금 떨어진 곳에 우윳빛 꽃잎이 하늘거리고 있다. 우아한 자태다. 목련 같은 꽃인데 목련나무는 아니고 무엇일까? 팻말에는 함박꽃으로 적혀 있고 이것 역시 목련과에 속한다. 오솔길가에도 흰 꽃들이 초롱같이 피어 있다.

갖가지 관목들이 들어차 있고 복숭아와 매화나무에는 파란 어린 열매들이 촘촘히 달려 있다. 오솔길을 돌고 돌아 나오는 길목에서 나는 조이삭 같은 키 큰 풀이 한 무더기 서 있는 것을 만났다. 짙은 초콜릿색으로 그 세련됨이 풀이면서도 아주 돋보였다. 뚜렷한 개성은 또 다른 아름다움이 있다. 오묘한 자연의 조화에 감탄하면서 연못가에 나왔다.

비는 가는 실비가 되어 소리 없이 연못 위에 내리고 연꽃은 수줍어서 봉오리째 떠 있다. 시간마저 멈춘 것 같은 연못을 떠나 식물원을 그냥 지나쳐 곧장 박물관 뒤쪽으로 가니 거기에는 1927년에 조림하였다는 전나무들이 쭉쭉 뻗어 있다. 0.5ha면적이라는데 좀 더 넓었더라면 하는 아쉬운 마음이 들었다. 발길을 돌려 동물원 입구에서 2.5km 되는 산길을 가니 흰색 콘크리트로 된 호랑이 울이 나왔다. 중국에서 기증받은 백두산 호랑이 두 마리가 유유히 거닐면서 위엄 있는 눈으로 사람들을 본다. 그러나 털은 윤기 없이 꺼칠해 보이고 어딘가 모르게 지친 모습이다. 우리는 삭막하기 그지없고 우리의 철조망은 관람객과 너무 가깝게 쳐져 있다. 철책에 가로질러 있는 파이프를 사람들이 계속 두드려 댄다. 호랑이인들 어찌 지치지 않을 수 있겠는가 개관한 지 10일이니 지났다는데 관람에 대한 주의사항 하나 써 있지 않았다. 이렇게도 허술하고 짜임이 없으니 도대체 정부가 개입된 데는 어째서 이다지도 무계획과 무성의로만 되어 있는 것일까. 허점 투성이인 이런 일들을 보면 속이 상한다. 내려오는 길 양쪽에도 숲이 우거졌다. 커다란 잎사귀를 마음껏 펼치고 있는 침엽수의 푸짐함, 해방 후 1946년에 조림한 잣나무의 울창한 숲, 그 맞은편에는 일본이 원산지라는 계수나무도 있다. 치맛자락을 늘어뜨린 채 당당하게 서 있는 우리네 어머니 같은 저 나무는 가문비나무다. 그 위용이 보는 이들의 마음을 압도한다.

1975년에 조림된 상수리나무는 지금 바야흐로 장년기에 접어든 것같이 그 수세(樹勢)가 왕성해 보인다. 상수리나무 열매는 묵이 되어 식탁에도 오른다. 자연은 우리들에게 한없이 베풀건만 우리는 이런 고마운 자연을 개발이라는 이름으로 얼마나 많이 훼손시키고 있는가.

산림의 면적이 647만ha 전 국토의 65%를 차지하는 우리나라의 숲은 7천8백만 톤의 산소를 생산하고 이 양은 2억8천만 명의 호흡량이란다. 그리고 또 숲은 252억 톤의 물을 저장한단다. 소양댐 아홉 개의 수량이라니 실로 엄청난 저장 능력이다. 이렇듯 축복받은 땅을 우리는 소중히 보존해 가야 한다. 그런 면에서도 광릉수목원은 성공적이라 할 수 있겠다. 섬밀 아름다운 휴양지다.

수목원은 1913년 조선조 7대 세조릉림을 시험림으로 설립한 후 1987년에 수목원을 조성 개원했고 산림박물관도 동시에 개관된 것이다. 2년 뒤에는 산림욕장도 개장되었고 야생동물원도 관람이 된다. 수목원 면적만도 500ha로 15개소 전문수목원에 목본 1716종 초본 1059종이 분포되어 있다. 이렇게 알찬 광릉수목원 같은 휴양지가 앞으로 많이 조성되었으면 좋으련만….

　복잡한 현대에서 사람들의 정서는 메말라 간다. 어디 마음 붙일 데 없이 삭막하고 바쁘기만 한 세상에서 그래도 때로는 숨을 쉬고 앉을 수 있는 공간이 있어야 하지 않겠는가. 산이 많은 우리나라는 좀 더 과학적이고 그리고 자연친화적인 계획으로 신중하게 산을 해치지 않고 개발하는 현명함이 있어야 한다.

　나는 숲길을 한참 걸어갔다. 나무는 빗속에 더욱 향기를 뿜어낸다. 하늘을 찌를 듯 솟아 있는 나무들 사이로 길게 뻗어 있는 산책로에는 사람 하나 보이지 않는다. 빗줄기는 점점 거세어지고 무성한 나무숲 위로 쏟아지는 빗소리는 쏴아쏴아 마치 산속 계곡에 일어나는 파도 소리처럼 들린다. 바람도 함께 숲을 훑고 지나간다. 비는 곳곳에 도랑을 만들면서 흘러간다. 오솔길가에도 물이 넘친다.

　풀숲 밑으로 흐르는 물은 풀숲에 가리워 보이지 않고 공동(空洞) 속으로 흘러들었는지 물소리만 쾅쾅 땅이 울린다. 온통 물과 나무의 교향악이다.

　길을 걷다보니 갑자기 주위가 탁 트인다. 나무숲이 끝나고 거기에는 키 작은 관목들이 작은 공원처럼 조성되어 있다. 엷은 황록색의 어린 잎들이 지금 막 돋아나서 이 일대가 신선하게 환하다. 왼쪽으로 꺾어 드니 만수(滿水)의 못이 나무숲에 둘러싸여 있다. 다리를 건너자 바로 앞에 서 있는 느릅나무에는 꽃인지 열매인지 알 수 없는 연두색 송이가 주렁주렁 달렸다.

　못가에 수양버들, 구부러진 노송, 단풍나무, 벚나무, 잣나무 등등 수많은 나무들이 제각기 자태를 뽐낸다.

잣나무 밑에는 익지 않은 잣송이가 떨어져 있다.

나무 나무 나무 캄캄한 그 위로 이름 모를 새가 외마디 울음을 울고 날아간다. 숲속은 음산하기까지 하다. 나오는 길 옆 동산에는 장미꽃도 나리꽃도 비 맞으며 피어 있다. 나무에도 땅에도 비는 내리고 천지가 물기와 푸르름으로 꽉 찼다.

생동감이 넘치는 환희에 찬 수목원 쏟아지는 빗속을 뒤돌아보니 숲속 길에는 비안개가 흐르고 있었다.

사나이와 갈매기

　바다는 두터운 해무(海霧)에 덮여 수평선마저 분명치 않다. 안개 속에 파도 소리만 철썩일 뿐 해변에는 움직이는 아무것도 없다. 잿빛 하늘에 물새 두 마리 그림자처럼 날아오더니 어느새 새들은 수십 마리 무리를 지었다.
　그들은 모두 안개 덮인 뿌연 바다를 보고 앉았다.
　대체 무엇을 기다리는 것일까. 하염없이 바라보고 앉아 있는 모습이 사람의 마음까지 처량하게 한다.
　철썩 쏴아 철썩 쏴아 파도 소리만 들리는 바닷가는 스산하기 그지없고 하늘은 비라도 뿌릴 것인지 서슬이 딩딩하다. 새들이 후두둑 날아올랐다.
　끼륵끼륵 서글픈 여운을 남기며 어디론가 날아가 버렸다. 안개에 뒤덮인 바다는 침묵하고 있는 운해(雲海)일 뿐 파도는 해안에서만 밀려오고 밀려간다. 어디선가 구슬픈 유행가 가락이 아련히 들려오고 언덕 위에 홀로 선 빛바랜 비치파라솔이 찢겨져 나갈 듯이 해풍에 휘몰리고 있다.

그토록 분방했던 여름은 벌써 떠나려는가 해변은 활기를 잃고 어딘가 쇠잔해 보인다. 걷힐 줄 모르는 안개로 바닷가는 몽롱한 적막에 잠겼는데 갑자기 요란한 굉음이 바닷속에서 울려 오더니 보트 한 척이 불쑥 나타났다.

날렵한 제트 스키다. 제트 스키는 엄청난 엔진 소리와 속도로 해안을 미친 듯이 질주한다. 뒤이어 또 한 척의 제트 스키가 쏜살같이 파도를 가르며 달려 나왔다. 그들은 순식간에 바다를 휘저어 놓았다. 안개는 아직 두텁건만 두 배는 서로 경쟁이라도 하듯 종횡무진으로 힘을 과시한다.

청춘의 특권을 마음껏 누리며 그들은 젊음을 발산하고 있다. 신바람을 일으키며 무섭게 내달리는 젊은이들. 그 키를 잡고 있는 구릿빛 팔뚝과 주황색 구명 조끼가 안개 속에 선명하다.

펄쩍펄쩍 뛰어오르며 속력은 가속으로 치닫는지 보트는 숫제 나는 듯하다.

바라보는 나도 힘이 솟구치는 느낌이다. 저쪽 모래 언덕을 중년의 퉁퉁한 부부가 걸어 내려왔다. 신발을 벗더니 남자 혼자 바닷가로 다가갔다. 밀려오는 파도 속에 비티고 선 그의 발밑에서 파도가 하얗게 거품을 내며 감돈다.

사나이는 망망한 운해를 향해 오랫동안 실로 오랫동안 미동도 하지 않고 서 있었다. 아내의 존재조차 잊은 듯 망연히 서 있는 저 남자는 지금 무슨 생각을 하고 있는 것일까. 만감이 교차하고 있는 듯한 그의 뒷모습에서 인간의 고독이 서글프게 전해져 왔다.

서러움은 인간의 천형(天刑)이든가. 사나이가 드디어 돌아섰다. 거리상 그의 얼굴은 뚜렷이 볼 수는 없었지만 풍겨오는 격(格)이 친밀감을 느끼게 한다. 혹시 저 사람도 나처럼 지나간 세월들을 회상하고 있었던 것일까? 아니면 그 어떤 문학적인 상(想)이나 또는 고뇌 어린 인간사에 잠겨 있었던 것일까? 그를 나와 동질의 범주에 끌어들이면서 내 상상은 끝없이 비약했다.

살아가면서 자기와 비슷한 사고, 비슷한 감성, 비슷한 취미를 가진 사람을 만난다는 것은 그 생에 있어 참으로 귀한 행운이다.

사나이는 설렁설렁 올라오더니 아내 옆에 벌렁 드러누웠다. 그런데 저를 어쩌나 하늘을 보고 누운 그의 배는 흡사 구릉이다. 중년의 속절없음이여. 청춘이 떠나간 안타까움이 거기 있었다.

요즈음 와서 나는 자주 허무감에 빠진다. 화살 같은 세월 앞에 심신이 모두 무기력하게 무너지는 것을 스스로 깨닫기 때문이다. 추스르고 추스르고 하면서 안간힘을 써보지만 이내 또 의욕을 잃고마는 나를 발견한다. 세월을 이길 자 어디 있으랴마는 이렇게 허무하게 나약해질 줄은 몰랐다. 그러나 나는 맥없이 주저앉지는 않을 것이다. 떨치고 일어나 자신을 채찍질하면서 삶을 좀더 깊게 그리고 밝게 채워 나가도록 노력할 것이다.

어느 틈엔가 그들 부부는 소리 없이 가버리고 안개는 여전히 짙게 흐른다.

통통통 소리를 앞세우고 고기잡이배가 들어왔다. 뭍에 바싹대더니 거무튀튀한 뱃사람이 성큼 뛰어내렸다. 그는 배에서 길게 밧줄을 끌고 오더니 백사장에 널어놓은 그물에 동여맨다. 그리고는 배로 잽싸게 뛰어올라 가 도르래로 밧줄을 감아 올린다. 그물은 밧줄을 따라 스르릉 스르릉 배 위로 빨려 들어간다. 배는 부지런히 해안을 돌며 같은 방법으로 그물을 몽땅 걷어 가지고는 통통통 다시 바다로 나갔다. 아까부터 수평선에 조그마한 한 점으로 보일 듯 말 듯 떠 있던 저 배와 합동으로 고기잡이하는 것인지 배들은 모두 가물가물 뿌연 수평선 너머로 사라졌다. 갈매기도 따라갔다.

 모두가 떠나간 빈 바닷가에 나는 홀로 남았다. 얼마를 지났을까. 뜻밖에도 돌아간 줄만 알았던 그 중년 부부가 다시 나타났다. 나는 반가웠다.

 남자는 이번에는 수영복 차림이다. 물을 끼얹으며 가벼운 준비운동을 하더니 바닷속으로 들어간다. 몸을 잠그면서 부인을 한번 길게 불러놓고는 천천히 헤엄을 치기 시작했다. 육중한 몸매라 헤엄도 무게를 느끼게 한다.

 날렵하지는 못하지만 둔중한 헤엄은 또 그 나름의 멋이 있다. 멀리 섬 모퉁이를 돌아갔던 보트의 젊은이들은 드디어 힘이 빠졌는지 돌아와 정지상태로 떠 있다. 그 옆에서 홀로 중년의 헤엄은 끈기 있게 계속된다.

 브라보! 나는 소리쳐 주고 싶었다. 사나이는 파도를 타며 헤엄쳐 나간다. 보트도 다시 흰 물살을 날리며 날기 시작했다. 생동하는 바다 그 속에 물결치는 생명들, 바다는 생의 환희로 넘친다. 헤엄치는 남편을 말없이 지켜보고 있는 부인을 보면서 20년도 더 전에 나도 저렇게 힘차게 헤엄치는 남편을 보고 있었던 남이섬의 기억이 떠올랐다. 지금은 찌는 듯한 무더운 복중에도 냉수욕을 꺼리는 남편이다. 세월의 덧없음을 다시 한 번 실감하면서 나는 감회 어린 마음으로 그들을 바라본다.

음산한 하늘 아래 지금 사나이는 우뚝 서서 굵은 두 팔을 하늘에 뻗고 망망한 바다를 향해 목청껏 사자후를 외치고 있다. 무한대의 하늘과 무한대의 바다를 향해 울부짖듯 포효하는 저 숫사자 같은 사나이의 외침에서 처절함이 느껴지는 것은 내 과민의 탓인가?

모래사장에 앉아 있는 그의 둘레에 갈매기 떼가 몰려왔다. 그는 모이를 날리고 있다. 천진무구한 어린이가 되어 마구 날린다. 그가 일어서면 갈매기도 일어나고 그가 앉으면 갈매기도 내려온다. 그가 엎드리면 갈매기는 따라 내려와 그의 머리맡에 둘러앉는다. 그를 따라 비상하고 하강하고 비상하고 하강하고 갈매기 떼의 군무(群舞)는 장관이다. 사나이는 율동하듯 새들을 지휘한다. 뽀얗게 흩날리는 모이와 모이를 쫓아 날고 있는 새들의 무리춤은 어두운 허공에 수묵(水墨)의 영상을 수없이 그려 간다. 황량한 바닷가에서 사나이는 무언(無言)의 예술을 연출하고 있었다.

어느 사회든 저항은 있기 마련인지 한참을 모이 따라 잘도 춤추던 갈매기 무리 중에 뜻하지 않게 몇 마리의 반항아가 생겨났다.

모이는 어차피 땅에 떨어지고 만다는 것을 간파한 것일까. 반항아들은 꼼짝 않고 앉아 있다. 그러나 사나이의 율동은 여전히 계속되고 반항아들은 또 그새 잊어버렸는지 군무는 다시 일사불란하게 이어졌다. 사람과 새가 혼연일체 되어 연출하고 있는 이 극적인 자연의 춤에 나는 탄성을 질렀다.

사나이는 연출의 연장인지 이번에는 바다로 뛰어들더니 앉아 있는 새들을 향해 휘어이휘어이 바닷물을 끼얹기 시작했다. 갈매기들은 대꾸라도 하듯 앙앙 꽹이 소리내며 몸을 움츠리는 시늉을 한다. 바닷물은 물보라가 되고 새들은 물보라 속에 즐기는 듯 앉아 있다.

　그는 다정한 목소리로 새들에게 말을 건다. 이리 와 이리 와 손짓하며 부른다. 갈매기 두 마리 날아오르더니 그의 머리 위를 빙 돌고는 하늘 높이 날아올랐다. 다른 새들도 일제히 날아올랐다. 그들은 모두 경쾌하고 아름다운 날갯짓으로 원을 그리더니 끼이륵끼이륵 즐거이 노래하며 높이높이 날아갔다. 사나이의 따뜻한 전송을 받으며….

　살아 있다는 것은 아름답다. 그리고 사랑한다는 것은 아름다움의 극치다.

　해변에서 만난 이 동화 같은 광경은 황홀한 경이었다.

　나는 그에게서 인간의 선(善)을 보았다. 그래 사람은 본시 선한 것이었어. 오랜만에 인간을 신뢰하는 안도감 같은 것이 마음 가득히 밀려왔다.

　서로가 믿지 못하는 불신으로 가득 찬 시대에 살면서 나 또한 얼마나 많이 인간성을 잃어 가고 있는가. 뒤돌아보니 부끄러움과 회오만 있을 뿐이다.

　사나이는 돌아가고 저 멀리 안개 속에 연인인 듯 사람 둘이 몽롱하게 떠 있다. 오고 있는지 가고 있는지 분간할 수 없는 몽환 속의 두 사람이다.

　해는 지금 어디쯤에 있는지 하늘은 그저 무거운 잿빛인데 운무는 바람에 날리면서 엷어져 가고 있다. 바다는 서서히 깨어나려고 한다. 나도 일어났다.

　바다 잘 있거라, 다음에 또 오마. 나는 어린아이 같은 웃음을 지으며 사랑의 해변을 떠났다.

소요산에 비는 내리고

　소요산에는 비가 내리고 있었다.
　비는 장맛비처럼 퍼붓는 듯 내렸다. 뿌연 비안개가 자욱이 흐르고 산봉우리는 빗속에 초연히 솟아 있고 비안개는 멀리 산허리를 흐르는 듯 감아 돈다.
　순식간에 어떤 것도 보이지 않고 산은 숙연히 적막하기만 하다. 안개 속에 그윽히 가라앉은 산의 정경은 꿈같은 선경(仙境)을 방불케 한다. 이 산 저 산에서 거센 물줄기가 수많은 폭포를 이루며 일제히 쏟아져 내린다.
　자재암(自在庵) 바로 앞 날카롭게 솟은 산봉우리 사이에서 흘러떨어지는 옥류 폭포는 물보라를 뿜어 올리며 곤두박질친다. 넘쳐나는 물보라와 거칠은 낙하로 일대장관을 이룬다. 산사(山寺)는 사람의 기척조차 없고 법당의 문마저 고요히 닫혀 있다. 한 그루 노송만이 빗속에 푸르다. 적적(寂寂)한 산사의 댓돌에 앉으니 찾는 이 아무도 없고 오직 들리는 것은 빗소리 물소리뿐이다.

 떨어지는 폭포의 굉음은 천둥 치듯 산간(山間)을 울린다. 산은 왕성한 초여름의 정기로 한껏 무성하고 한껏 푸르렀다.

 소요산은 해발 532m의 의상대와 530m의 상백운대, 500m의 중백운대, 나한대, 공주봉 등 고만고만한 연봉들로 둘러싸인 산이다. 봉우리 봉우리가 끊이지 않고 이어져서 어디를 보아도 산들만 솟아 있다. 산에서 내려다보면 트인 곳이라곤 한 가닥 계곡을 끼고 길게 뻗어 있는 길뿐이다. 길은 날렵하게 서 있는 일주문을 지나 가늘게 산속을 뚫고 나간다.

 산기슭에 한 무더기 이름 모를 분홍빛 꽃이 강렬하게 향기를 뿜어내고 있었다. 한 송이 따서 호주머니에 넣었다. 작은 꽃송이들이 초롱초롱 달려 있는 이 야생화의 향기는 뛰어났다. 웬만한 난의 향에 비할 바가 아니다.

 산을 내려와 일주문에 당도하니 일주문 옆 길가에 나리꽃이 활짝 피어 있다. 여름꽃 나리는 언제 보아도 아름답고 반가운 꽃이다. 고향의 산이나 들에서 많이 보아 왔기에 반가움이 더하다.

 그런데 이게 웬일인가. 어이없게도 나리꽃 옆에 코스모스가 버젓이 피어 있지 않은가. 가을을 재촉하는 듯 피어 있는 이 철부지 꽃은 내 흥취를 무잠히 꺾어 버렸다.

 요즘은 모두가 순리를 어기고 조급하게 살아간다. 망령된 세상이 되어 가는 것 같아 안타깝다. 비는 여전히 그칠 줄 모르고 내린다. 산에서 일시에 쏟아져 내린 물줄기들이 길 위를 넘치면서 포장된 포도(鋪道)에는 잔잔한 물결이 일고 물은 얕은 내를 이루며 흘러간다. 뜻밖에 범람한 물바다는 야릇한 통쾌감마저 느끼게 한다. 나는 불현듯 동심이 발동하여 맨발로 물 위를 걷고 싶어졌다. 그러나 차마 하지 못하고 있는데 저 아래에서 젊은이 하나가 신발을 벗어들고 맨발로 올라오고 있었다. 그도 아마 순간적으로 어린 아이가 되고 싶었나 보다.

정강이까지 걸어올린 굵은 다리로 성큼성큼 내 옆을 지나 걸어 올라간다. 아, 젊음은 용기다! 멀어져 가는 뒷모습을 바라보며 나는 흘러간 내 젊음이 왈칵 그리워졌다. 그때는 미처 귀중한 줄도 모르고 무위로 보내 버린 젊음, 이제 와 후회한들 무엇하겠는가. 참으로 젊음은 아름답고 그리고 그것은 순간인 것을….

소요산 계곡을 물살은 소용돌이치며 세차게 달려간다.

내 인생도 저 물살처럼 몇 굽이의 소용돌이를 쳤던가. 하얗게 빛바랜 인간사들이 주마등처럼 지나간다.

내가 아직 학교에도 들어가기 전 우리 숙부님은 마을에 유일한 일본 유학생이었다. 성격이나 행동이 너무 파격적이어서 기인(奇人)이라는 말까지 듣는 숙부님이었지만 아버지는 언제나 숙부를 신뢰하고 이해하고 아끼고 사랑하셨다. 그분들의 형제애는 마을에 소문이 날 정도로 유별난 데가 있었다.

어느 해 겨울 산골 마을에는 예술제(?)가 열렸단다. 숙부님은 무대 배경을 그리노라 부산했고 두 형제는 행사 준비에 아주 분주하더란다. 드디어 공연(?)이 시작되던 날 막이 열리는데 뜻밖에도 무대 중앙에 아버지가 통소를 들고 바위처럼 앉아 있었으니 새댁인 어머니의 부끄러움은 짐작이 가고도 남는다. 어려서부터 늘 들어왔던 어머니의 전설 같은 옛이야기는 이어진다.

유도 초단(柔道初段)이면서도 유도인의 멋을 드러내노라 한쪽 어깨를 쓱 올리고 걷는 아버지의 우쭐대는 버릇하며 덥수룩한 머리를 한 손으로 쓸어 올리고는 옷에 먼지가 있거나 말거나 전혀 개의치 않고 그대로 나다니시는 털털함이 어머니는 늘 못마땅하셨단다. 그러나 그 말씀 속에는 자랑인지 흉인지 모를 묘한 은근함이 깃들어 있었다.

아버지는 당시로서는 대단한 멋쟁이였건만 스물 남짓한 어머니 수준으로는 그 남성적인 멋을 알 턱이 없다.

동생의 뒷바라지에 노부모를 모시고 어린 처자를 거느린 아버지의 생활은 몹시도 바쁘고 힘겨웠으리라 동생에게 먼저 공부의 기회를 준 후 아버지의 공부는 한 해 두 해 자꾸 뒤로 밀리고 독학으로 준비하고 있던 학문은 끝내 뜻을 이루지 못한 채 아버지는 30대의 젊은 나이로 요절하시고 말았다.

인생이라는 무대에 잠깐 등장했다가 허무하게 무대 뒤로 사라져 간 아버지, 뒤에 남아 자신의 삶을 희생한 어머니 그리고 지금은 멀리 미국으로 이민 가신 숙부님, 그들은 모두가 아픈 운명을 사셨다. 그 불행한 시대의 가족사를 뒤돌아보면 내 가슴은 아프고 쓰리고, 슬픔은 한으로 맺힌다.

산마루는 뿌연 안개에 묻혀 보이지 않고 이쪽 저쪽 산의 골에서는 다투어 물줄기가 쏟아지고 있다. 얕은 붙임 조약돌들은 씻기고 씻겨 유리알같이 깨끗하고 비안개는 은은히 계곡에 퍼진다. 조그마하게 걸쳐진 돌다리를 건너면 원효 폭포가 있다. 이 폭포는 오랜만에 폭포다운 모습으로 떨어지고 있었다.

그 활기찬 폭포 본래의 모습을 볼 수 있었던 것은 행운이었다. 바람을 일으키며 급하게 떨어지는 폭포의 주변에는 가냘픈 풀들이 바람에 휘말려 잠시도 가만히 있지 못하고 끊임없이 요동친다.

지난겨울 추위 속에 나는 소요산에 왔었다. 산의 그늘진 골짜기에는 얼음 줄기가 시퍼렇게 드리워져 있었다. 앙상한 나무 밑에는 가랑잎들이 스산하게 쌓였고 낙엽 사이로는 얼음이 비치기도 하였다. 차디찬 가랑잎 위로 얼핏 무언가 움직이고 있는 것 같은 느낌이 들어 가까이 다가가 들여다보았더니 거기에는 개미 눈알만 한 보일 듯 말 듯 한 까만 것이 움직여 가고 있는 것이 아닌가.

티보다도 작은 그것이 생명체라니 놀라운 일이었다. 더구나 이 추위 속에 어떻게 얼지 않고 살아 있다는 말인가? 생명은 존엄했다.

개미 눈알만 한 한 점, 먼지 같은 고것이 지금은 어떤 벌레로 자라나 풀숲에 살고 있을까. 작고 작은 벌레알도 자기에게 주어진 생명을 이어 가노라 혹한 속에서 삶을 도모하고 있지 않았던가.

생명은 강인하고 위대하다.

한 세상 살다 가는 모든 생명 있는 것들은 그들이 무엇이 되었건 위대하고 귀하다. 그것은 살아 있기 때문이다. 환희하며 생명들이 푸르르게 약동하는 6월의 녹음을 보며 결코 삶은 슬프고 괴로운 것만이 아닌, 힘이 넘치는 행복에 찬 아름다운 것이기도 한 것이라고 생각하면서 나는 내일의 삶을 향해 힘차게 걸어 내려왔다.

뻐꾹뻐꾹 멀리서 한가로이 뻐꾹새 울고, 길가 산밑에 도라지꽃이 백합처럼 피어 있다. 빗줄기는 언제부터인가 가늘어졌지만 하늘엔 비구름이 가득한 것이 곧 또 큰비가 내릴 것만 같다.

그러나 이 비가 그치고 나면 초목은 한 치 두 치 자라날 것이고 산은 더욱 무성해질 것이 아닌가!

소요산에 부는 바람

　전쟁의 상흔(傷痕)이 곳곳에 남아 있고 생활은 제자리를 미처 찾지 못하고 있던 때다. 소요산을 처음 찾은 것은 바로 이런 황량한 시절의 어느 가을날이었다. 별 준비도 없이 젊음과 정열만으로 우리는 소요산을 향해 떠났다.

　낡고 지저분한 기차는 생활에 허덕이는 사람들로 발 디딜 틈 없이 초만원이었다. 떠드는 말소리에 덜덜거리는 기차 바퀴의 소음까지 뒤범벅이 되어 서 있기조차 힘든 우리들을 더욱 힘들게 하였다.

　지금은 소요산역이 생겨서 산의 진입로가 퍽 가까워졌지만 그때는 동두천에서부터 걸어야 했다. 기차로 두 정거장이나 되는 먼 거리를 우리는 거리감도 느끼지 못한 채 걸어갔다. 레일의 침목이 떨어져 나간 휑하니 뚫린 철교 위를 서로 손잡고 위태위태하게 건너면서도 마냥 즐겁기만 했다.

사회에 첫발을 내디딘 풋내기들인 우리는 미래에 대한 불안감도 없이 자신만만하기만 한 예쁘고 건강한 철부지들이었다. 비굴하지 않은 기개와 저돌적인 당돌함을 마치 젊은이의 특권인 양 코에 걸고 세상을 온통 내 것으로 생각하던 한심한 젊은이들이었다.

그것은 삶에 대한 눈이 아직 트이지 않은 만용이었는지 모른다. 그러나 한창 뻗어 가야 할 청년이 노회한 늙은이처럼 이것저것 다 미루어 생각하면서 조심스럽게 산다면 그 청년은 이미 청년이 아니잖은가.

우리는 재잘거리며 부지런히 걸어갔다. 겨우 산자락에 도착하니 해는 중천에 오를 대로 올라 이미 서편으로 약간 기운 듯했다. 산길은 높은 산등성이 위에 좁다랗게 나 있고 오른쪽으로는 몇 길이나 되는지 계곡이 아득하다. 계류는 바위에 부딪혀 햇빛에 반짝이며 맑고 푸르게 흘러가고 있었다.

계곡은 아름다웠다.

산에는 설렁설렁 바람이 불고 하늘은 높기만 하다. 등성이에도 골짜기에도 단풍은 푸른 하늘 아래 그 색깔이 눈이 부시다. 산속의 해는 일찍 떨어진다.

석양의 햇빛이 어느덧 온 산에 비춰 들고 선홍의 황금색 단풍은 더욱 선명히 떠올랐다. 투명하게 맑은 공기는 싸늘하게 산속에 흐르고 냉랭한 기류로 가을 산의 정취는 한층 더 청아하다.

나무들이 울창한 연봉들 사이에 뜻밖에도 경사면이 자갈밭으로 뒤덮인 한 봉우리가 나타났다. 우리는 더 이상 오르기를 포기하고 훌쩍 저물어 버린 산을 서둘러 하산했다. 얼마쯤 내려오다 보니 해는 꼴깍 넘어가 사위가 어두워졌다.

가파른 산밑에 조그맣게 앉아 있는 산사에는 어느새 불이 켜졌고 계곡은 희끗희끗 물살이 번득인다. 어두운 길가에 아주머니들이 초라한 좌판을 벌여 놓고 힘 빠진 모습으로 앉아 있다.
　절에서 흘러나온 희미한 불빛에 커다랗게 부푼 그들의 그림자가 도깨비처럼 흔들린다. 일렁이는 검은 환영(幻影) 속에도 가난하고 아픈 사연들이 애잔하게 내비친다. 그림자마저도 슬퍼 보였던 그들이다.
　전쟁으로 모든 것을 잃어버린 어쩌면 혼마저 빼앗긴 듯한 허탈한 그 시대의 처참한 모습들이었다. 살아남은 사람은 어떻게든 살아갈 수밖에 없는 냉혹한 현실 앞에 사람의 존재란 실로 보잘것없었다. 어려운 고비를 힘겹게 살아가던 눈물겨운 우리네 그 시절이다.
　암자는 고즈넉하고 우리는 그 앞을 경건함도 모르는 채 그저 지나쳤다. 설익은 20대의 무지와 어리석은 오만으로 가득찼던 불손한 젊은이들의 무례였다.
　늦은 시간에 쫓기듯 하산했던 소요산의 기억은 극히 짧은 것이었지만 그 후에 오른 다른 어떤 산보다도 깊은 애수 어린 느낌으로 자주 떠오르곤 했다.
　불 켜진 산속의 작은 산사, 좁다랗게 나 있던 높은 산등성이 길 캄캄한 계곡에서 들려오던 물소리, 희미한 불빛 속에 일렁이던 말 없는 가난한 촌부(村婦)들의 그림자, 그리고 어둠 속에 잠긴 산봉우리와 산속에 흐르고 있던 맑고 찬 밤공기 등, 소요산은 깊은 어느 오지의 비경으로 내게 남아 있었다. 그리고 그것은 먼 낯선 고장을 떠도는 나그네의 비애 같은 기이한 정감으로 이어지곤 했다.
　수십 년의 성상이 흐른 오랜 후 다시 찾은 소요산은 너무도 생소

하게 변해 버려 처음에는 소요산임을 의심할 정도였다. 높은 산등성이 길은 깎이고 허물어져 없어졌고 계곡은 길가에 널브러진 개울로 변해 있었다. 소요산은 흔히 보는 관광지의 하나로 변모해 있었다. 이러한 무개성(無個性)의 천편일률적인 개발의 행태는 우리의 산하를 얼마나 터무니없이 훼손시키고 있는가?

자재암은 옛날 우리가 철없던 시절 별생각 없이 지나쳤던 어둠 속의 그 산사였다. 패기와 정열만으로 무모와 무례를 함부로 저지르던 내가 이제 겸허히 세상을 보는 연륜이 되어 그때의 자재암을 찾은 것이다.

자재암은 654년 신라 무열왕 때 원효대사에 의해 창건된 유서 깊은 고찰이었다. "심생즉종종법생(心生則種種法生) 심멸즉종종법멸(心滅則種種法滅)" "마음이 생한즉 여러 가지 법(진리)이 생기는 것이요, 마음이 멸하면 또한 여러 가지 법이 없어지느니 나 원효는 이미 자재무애(自在無碍)의 경지에 이르렀노라."

여인으로 변신한 관음보살의 유혹을 뿌리치며 설파했다는 전설이 깃들어 있는 이 법문(法門)은 원효대사가 바로 이곳에서 세운 것이라고 한다. 자재암(自在庵)이라는 이름도 그가 후학을 교계(敎戒)하기 위하여 정사(精舍)를 짓고 자재암이라 붙인 데서 유래한 것이라 한다.

자재암에는 보물 제1211호 〈반야바라밀다심경 약소언해본(般若波羅密多心經 略疏諺解本)〉이 소장돼 있다. 이 책은 지금으로부터 약 530년 전에 최초로 한글로 풀이되어 발간된 경서로 우리나라에 단 두 권밖에 없는 희귀본이라 한다.

특히 여기에 있는 소장본에는 발간 당시 공헌한 사람(관리)들의 공신록이 있고 권말(卷末)에는 발문(跋文)과 교정인(校訂印)까지 찍혀 있어 불교 문화재로서뿐만 아니라 서지(書誌)의 가치로서도 대단히 귀중한 자료라고 한다. 당시 학문을 하던 분들의 그 올곧은 학자적 자세에 깊이 머리 숙일 따름이다.

그 옛날 요석공주가 아들 설총을 데리고 와 머물렀다는 궁터가 산을 다 내려온 끝자락에 손바닥만 하게 남아 있다.

또 여기 어딘가에 이태조의 행궁지(行宮趾)도 있었다고 하나 분명치 않고 설화로만 전해져 올 뿐이란다.

세월은 무상 또 무상이다. 나는 허허로운 마음으로 하늘에 떠 가는 구름을 바라보았다. 그리고 생각했다.

위인을 사랑한 여인 또한 위대하다고.

세기적인 사랑의 이야기가 어제인 듯 따뜻이 피어오르며 인간적인 너무나 인간적인 원효가 더 없이 친근하게 느껴진다. 이곳에서 그들은 어떻게 살았는지 그 남긴 흔적은 아무것도 없다.

소요산에 설렁 바람이 분다.

아, 그때의 그 바람인가! 원효와 요석 위에 불던 바람, 우리의 젊음 위에 불던 청춘의 그 바람인가.

그러나 세월은 흐르는 것. 원효의 사상도 요석의 사랑도 그리고 우리의 젊음의 꽃도 세월 속에 역사로 묻혀만 산다.

자재암의 저녁은 조용히 저물어 가고 멀리 산 너머에 노을이 붉게 탄다.

신탄리(新炭里)의 봄

　서울에서 한반도의 관북(關北) 쪽으로 치닫는 철도가 경원선(京元線) 철도다.
　경원선은 일제하의 어둡고 괴롭던 시절, 정든 고향을 등지고 멀리 간도(間島)로 러시아로 남부여대하여 정처 없이 흘러가던 이 민족의 한과 슬픔을 실어 나르던 철도다. 그것은 가난하고 힘없는 백성들이 쫓겨가듯 가고 있는 처절한 행로였다.
　38선 너머 아득히 먼 북쪽 그 경원선 철로변에 꿈에도 그리는 내 고향이 있다. 가 보지 못한 지 어언 50여 년!
　때로 나는 마치 고향에 가기라도 하는 것처럼 가벼운 흥분을 안고 경원선 열차에 오른다. 고향과 연관된 어떤 것에도 나는 금방 그리움과 반가움에 젖어들게 되고, 그리고는 이내 또 마음이 아려와 쓸쓸하고 허전함에 빠지곤 한다.
　휴전선 전방과 가까운 경원선 열차에는 씩씩한 우리 국군 장병들이 많이 탄다. 가끔 장병을 면회하고 돌아가는 그들의 애틋한 연인도 함께 탄다. 서울 근교의 직장으로 출퇴근하는 젊은 직장인들과 재잘거리는 등하굣길의 어린 학생들로 기차는 늘 붐빈다.

봄이면 산나물 캐러 다니는 등산복 차림의 아저씨, 아주머니들이 배낭을 던져 놓고는 걸쭉한 농담으로 왁자지껄 한바탕 떠들어대기도 한다.

주변에 관광지다운 관광지가 별로 없는 경원선 열차는 주로 여행객이 아닌 생활인들이 제몫의 삶을 영위하느라 바삐 움직이는 활기찬 열차다. 부대가 있는 도시 동두천에 도착하면 우람한 몸집의 미군 병사들이 오르내린다. 아직도 우리는 남의 보호하에 살고 있다는 것을 깨닫게 하는 모습들이다. 우울하고 묘한 기분이 되어 나는 물끄러미 차창 밖을 내다본다. 무심한 산과 들은 뒤로 뒤로 스쳐 지나간다.

머리에 은발을 얹은 노병들 대여섯 명이 그들의 젊음을 바쳤던 격전지 백마고지(白馬高地)를 찾아가노라 이 열차에 올랐다.

앉자마자 그들은 흐릿한 노안(老眼)을 열정으로 빛내며 그때의 무용담(武勇談)을 쏟아 놓는다. 무용담은 기차가 종점에 닿을 때까지 입에서 입으로 이어지면서 끊일 줄을 모른다.

사람들이 들어줄 흥미조차 보이지 않는 이야기, 들이도 별로 놀라워하지도 않고 감탄이나 경의도 표시하지 않는 빛바래고 바랜 오랜 옛날이야기다. 어쩌면 아예 듣고 있지 않는지도 모르는 이야기를 그들은 떨리는 늙은 목소리로 자랑스럽게 외치고 있다.

이제는 너무나도 멀리 동떨어져 버린 잊혀진 이야기, 그래서 노병들만의 추억으로만 남을 이야기들⋯.

세월은 모든 것을 꿈처럼 묻어 버리고 사람들은 또 모두를 쉬 망각한다.

기차는 달리다 더는 못 가고 역의 이정표는 다음 행선지의 이름도 없이 하얀 여백인 채 서 있는 한(恨) 서린 곳, 이곳 신탄리는 의정부에서 기차로 1시간 20분 거리에 있는 오늘의 경원선 철도의 종착지이다. 행정상으로 경기도 연천군에 속하는 인구 500여 명의 아주 작은 산골마을이다. 해발 830m의 고대산을 비롯하여 첩첩 산들이 둘러쳐져 있고, 그 산자락이 흘러내린 오목한 곳에 마을이 형성되어 있어 조금은 척박해 보인다.

구불구불 시냇물이 마음을 돌아 흐르고 군데군데 구릉에는 포부대(砲部隊)가 삼엄하게 포문(砲門)을 북으로 향한 채 버티고 있는 곳이기도 하다. 마을 아래쪽 산아래에는 아담한 초등학교가 있다. 해가 뉘엿이 산마루로 질 때면 운동장에는 산그림자가 어둑히 깔린다. 지금은 폐교되어 학생 수련장으로 쓰이고 있는 학교 마당에는 게양대만 하늘 높이 솟아 있다. 그 꼭대기에서 태극기 홀로 바람에 나부끼고 있을 뿐 운동장은 허허롭다. 아이들의 노랫소리도 뛰노는 함성도 들리지 않는 운동장의 정적은 비애를 자아낸다.

휴전선 가까이 위치한 까닭에 마을은 마치 전시하에 있는 것처럼 긴장감을 느끼게 한다.

역을 나와 골목 옆으로 돌아 철길을 건너면 잘 포장된 차도가 부대 앞까지 길게 이어져 있다. 가끔 군용차가 달리고 훈련 중의 군인들이 행군하기도 하는 길이다.

길 왼쪽에는 산이 이어지고 오른쪽으로는 개울이 흐르는데 개울을 건너면 바로 고대산으로 오르는 산길이다. 초입 언덕에서 솟아 흐르는 샘물을 마시고는 완만한 산길을 오른다. 길 양쪽 산에는 나무숲이 우거져 있고 이름 모를 새들이 우짖는다.

　등산로는 전날 내린 비에 지절하고 그늘진 곳에는 살얼음이 깔려 있다. 길가 도랑에는 돌돌 소리를 내며 물이 흐르고 얼어붙은 도랑가의 말라붙은 풀잎 줄기는 고드름 속에 꽁꽁 얼어 있다. 고드름은 햇빛에 수정처럼 반짝인다.

　가까이 가서 들여다보니 도랑가 양지쪽에는 파릇이 새싹이 돋아나고 있다. 어느새 얼음 밑으로는 봄이 오고 있었다.

　봄은 양기(陽氣)가 천지간에 차오르는 때다. 어찌 동토(凍土)인들 안 녹고 배길 것인가. 하늘도 땅도 부드러운 기운이 완연하다.

　등산로는 계속 완만하게 올라가다가 오른쪽으로 꺾어지면서 경사가 가파르다. 숨이 차오른다. 그러나 산중턱으로 돌아드는 이 길이 나는 좋았다. 길을 따라 올라가다 보면 오른쪽 나무숲이 갑자기 눈 아래로 낮아지면서 시야가 탁 트인다. 시원한 바람이 일시에 불어온다. 아, 이 상쾌함을 무엇에 비기랴!

　저 아래 신탄리 마을이 장난감처럼 오밀조밀 앉아 있다. 빨간 지붕이 봄볕에 해맑아 보이고 어디선가 낮닭이 길게 목청을 뽑는다. 산 위에서 내려다보는 마을은 한가롭기만 하다. 산과 들은 봄기운에 윤기를 띠고 산봉우리 위로 하늘은 파랗게 호수처럼 열려 있다.

　누렇게 죽어 버린 묵은 풀잎 사이로 새로운 싹이 보인다.

　쑥도 뾰족히 고개를 내밀고 어린 민들레가 봄바람에 파르르 꽃잎을 떤다. 얼음이 아직 남아 있는 신탄리 들녘에는 새로운 생명들이 움트고 있었다.

　언 땅을 비집고 나오는 자연의 강인한 생명력을 보라!

봄의 환희의 합창은 곧 들판에 가득차리라.

아직 봄은 일러 멀리 산정(山頂)의 나무들은 줄기가 드러나 보이고 산기슭으로 내려오면서 군락(群落)을 이룬 침엽수림만 그 녹색이 푸르게 물오르고 있었다. 진달래꽃 한 잎이 가지 끝에 애잔하게 매달려 있다. 나무의 눈들도 영글대로 영글어 곧 터질 듯 잔뜩 부풀었다.

멀리 산허리를 감돌고 있는 뽀얀 수림대(樹林帶)도 앞으로 열흘쯤 지나면 연한 연둣빛으로 또 다른 아름다움을 보여 주리라.

초록빛의 농담(濃淡)이 은은히 조화를 이룬 산야의 풍경은 동양화처럼 차분하다.

신탄리의 산야는 바야흐로 봄이 약동하기 시작했다. 머지않아 신탄리는 신선한 생명의 초록빛으로 온통 둘러싸일 것이다.

봄의 화신은 곧 저 언덕 저 산을 넘고 넘어 북으로 가겠건만 우리네는 안부의 소식조차 전할 길이 없다.

지금 신탄리에는 봄이 오고 있었다. 그러나 그 봄은 진정한 신탄리의 봄이 아니다. 우리들의 분단의 아픔이 사라지는 날 사람들의 희망과 웃음을 가득 실은 경원선 열차가 신탄리역을 지나 북으로 북으로 두만강까지 힘차게 내닫는 그날 신탄리에는 봄다운 봄이 올 것이다.

헬리콥터가 요란한 폭음을 내며 내 머리 위로 날아간다.

동쪽으로부터 구름이 몰려오고 있다. 금시라도 비를 뿌릴 것 같은 하늘이다. 흐려진 하늘 아래 산과 골짜기는 빛과 그림자가 서로 어우러지며 조용히 흐르고 있었다.

숲의 소리

숲은 붉게 타오르고 있었다. 모두가 제자리로 돌아가는 시간이다. 오랜만에 찾은 광릉수목원은 그야말로 만산홍엽이다.

향기와 색깔과 빛과 소리 그리고 바람이 어우러져 미(美)의 극치를 이루고 있었다. 길게 트인 길 양옆에도 빨갛게 물든 단풍나무들이 가을의 일대 향연을 펼치고 있었다. 어느덧 가을이 깊었구나 하는 생각을 하니 허전한 마음이 든다.

수북이 쌓인 낙엽을 밟으며 천천히 걸어 들어갔다. 가을의 화목원은 처음 와 본다. 들어시는 순간 나는 깜짝 놀랐다. 지난 초여름 그리도 짙푸르게 꽉 차 있던 화목원은 휑하니 비어 있었다.

꽃은 어디에도 보이지 않고 꽃나무들은 밑동의 잎들이 다 떨어져 엉성한 모양새로 서 있다. 물기에 탱탱하던 줄기들은 딱딱한 껍질로 변하여 그 부피가 작아졌다. 무성하게 둘러싸고 있던 풀들은 모두가 말라 주저앉아 있었고 보이지 않던 열매만이 햇빛에 반짝이며 매달려 있었다.

  왕성하던 성장이 멈추어 버린 동산과 오솔길에는 소슬한 가을 바람만 가늘게 불고 있다. 온갖 꽃으로 그처럼 화려하던 화목원 동산이 이렇게 일시에 몰락하다니 영화도 이렇게 잠깐인 것을….

  낙엽으로 덮여 있는 오솔길을 걸으며 상념에 잠긴다.

  나무는 헐벗었지만 앙상한 가지 끝에는 결실의 열매가 매달려 있었다. 저 열매는 내년 봄 다시 새로운 생명으로 돌아올 것이다. 그리고 나무의 눈들도 지금은 껍질 속에 숨어 보이지 않지만 겨울을 지나 또다시 봄이 오면 일제히 트일 것이다. 그들은 모두가 새 생명을 안으로 키우며 조용히 엎드려 있었다.

  동산의 몰락은 내일을 위한 일시적 몰락일 뿐이다. 그렇다 사람도 때로는 완전히 헐벗은 저 나무처럼 어처구니없이 몰락할 때가 있다. 그러나 그 몰락을 주어진 운명인 것처럼 받아들이면서 나약하게 주저앉아서는 안 된다.

  풀꽃들도 다시 일어나는데 항차 사람이랴. 강한 자존심으로 뚫고 나가야 한다.

  6·25동란이 끝난 직후 힘겨웠던 한때가 잠시 스쳐 지나갔다.

  내게는 참으로 아프고 쓰라렸던 시절….

  상념은 깨어졌다. 너무나 아름다운 꽃나무가 내 앞에 다가왔기 때문이다. 낙상홍! 이름도 멋들어지다. 감탕나무과에 속하며 일본이 원산지인 이 꽃나무는 앵두보다 작은 잘디잔 진홍의 열매들을 노란 잎 사이로 빽빽히 달고 있다. 아예 나무가 열매로 꽉 찼다고나 할까. 희류(姬柳)라고도 하는 또 다른 이름을 가지고 있는 이 꽃나무는 정말 소녀처럼 귀엽다.

햇빛 받는 쪽의 열매는 빛에 반사하여 이슬처럼 영롱하기까지 하다. 오묘한 빛의 조화로움이여!
동산 한쪽 언덕에 불붙고 있는 이 당매자라는 나무는 또 어떤가. 빨갛게 된 잎들이 나무를 온통 뒤덮고 있다. 잎은 그 크기나 모양이 철쭉꽃의 잎과 비슷하고 두께가 철쭉보다 약간 얇아 보인다.
가늘고 긴 붉은 자갈색의 수많은 줄기가 나무를 떠받치고 있다. 나무는 불붙은 하나의 커다란 붉은 더미를 형성하고 있다. 일명 '청랑리'라고도 하는 이 나무는 매자나무과에 속하며 중국이 원산지다. 이름이 마치 그 먼 옛날 청나라의 수줍은 낭자 같지 않은가.
길게 누워 있는 동산 중간쯤에는 꽤 많은 무더기를 이루고 있는 수국이 가녀린 줄기를 드러낸 채 묵직하고 넓적한 갈색 잎사귀를 달고 있다. 수국의 줄기들이 작은 숲처럼 촘촘히 서 있는 깊숙한 속에 까치 한 마리가 꼬리를 내리고 소리도 없이 꼼짝 않고 앉아 있었다.
나는 놀라 숨을 죽이고 조심조심 걸어 나왔다. 대체 까치는 무슨 일로 거기 그런 모습으로 앉아 있는 것일까? 까치도 가을이라 사색을 하는 것일까? 산들바람이 산들 불고 지나간다.
오솔길에 깔려 있는 낙엽들이 바람에 떨며 굴러간다. 바람마저 나를 쓸쓸하게 하는구나.
여기 또 하나의 수국들이 갈색으로 변한 큼지막한 둥그런 꽃뭉치를 줄기 끝마다 달고 바람에 천천히 흔들리고 있었다.
여유로운 품이 노숙(老熟)의 운치라고나 할까, 위엄 있는 모습이었다.
여름날 그리도 붉고 탐스럽고 귀부인 같던 함박꽃은 죽어 버린 잎사귀만 맥없이 달고 있다.

　지난날의 영화는 다 어디로 사라진 것일까. 돌아 나오는 오솔길 모퉁이에 넝쿨처럼 마구 엉켜 있는 나무에는 좁쌀알만 한 아주 작은 보랏빛 열매들이 여남은 개씩 동그란 다발이 되어 달려 있다. 그 앙증맞은 보랏빛 열매들은 넝쿨 속에서 진주같이 반짝이고 있었다.

　광릉수목원의 화목원에는 51과에 188종이나 되는 수많은 꽃나무들이 봄, 여름, 가을, 겨울 철따라 변모하면서 제각기의 살이를 살아가고 있었다. 화목원을 되돌아 나와 한참을 가다 길가 산자락에서 갑자기 맞닥뜨린 나무, 하늘을 향해 우뚝 서 있는 나무. 나는 그 크기와 빛깔과 독특한 수형(樹形)에 그만 압도당하고 말았다. 나무 전체가 붉게 타면서 높이 치솟아 있는 이 나무, 나를 놀라게 한 이 나무는 복자기나무다.

　단풍나무과에 속하며 자생지가 광릉으로 되어 있다. 잎은 노란 기가 약간 감도는 붉은색으로 애리애리 얇아 아주 여리게 보이는 투명한 붉은색이다. 찬란하다고 표현하고픈 아름다운 색이다.

　단풍의 찬란함에다 나무 윗부분이 둥글어 꼭 붉은 뭉게구름이 공중에 떠 있는 것 같은 수형, 그리고 그 거대함 때문에 어떤 괴기감(怪奇感)마저 느끼게 하는 이 나무는 실로 경탄할 만한 나무다. 가히 단풍나무의 으뜸이다.

　복자기나무는 우리나라에서 잘 자라며 원산지는 한국과 중국의 만주 지방으로 되어 있다. 나무 모양은 높이 자라고 줄기 윗부분이 둥글게 되는 원정형(圓頂形)으로 수형이 독특하게 아름답다.

　가지 끝에 세 송이의 꽃이 달려 핀다 하여 중국에서는 삼화단풍

(三花丹楓)이라고 부른단다. 아직은 그다지 알려지지 않은 나무지만 단풍과 수형이 아름다워 조경수로 많이 쓰인다고도 한다. 전 세계에 100여 종이 있고 우리나라에 있는 것만도 31종이나 된다고 한다. 식물도감에는 이 나무의 단풍을 천하일품이라고 극찬해 놓았다.

습지 식물이 있는 못가 길 어귀에 낙우송이 솟아 있었다. 원추형의 나무 형태로 솟구쳐 있는 낙우송은 녹색 바탕이 붉은 갈색으로 물들면서 단풍이 들기 시작하고 있었다. 원추형의 수관(樹冠)과 색깔에서 오는 세련미가 돋보이는 서구적인 멋을 풍기는 거목이다.

소나무가 유난히 청청한 것은 주위에 푸르름이 적어진 탓이리라. 그 의연한 자태가 참으로 좋다. 나무가 우거진 숲속에 활엽수의 말라 버린 커다란 잎사귀들은 뿌스럭뿌스럭 큰소리를 내며 떨어지고 있었다. 바람이 휙 불고 지나가니 작은 잎들이 눈 내리듯 날린다. 나무들은 저마다 잎을 떨구며 겸손하게 겨울나기 채비에 들어가고 있었다.

어떤 나무들은 가지 끝의 잎마저 다 떨어져 버려 드러난 가느다란 잔가지가 마치 봄에 물오를 때처럼 하늘에 뽀얗게 피어 있었다.

잣나무, 전나무, 소나무들은 그 독특한 향기를 마음껏 내뿜고 있었다. 1헥타르당 12톤이나 되는 양의 산소를 뿜어내고 기온도 여름에는 3~4도나 낮아지고 겨울에는 2~3도나 높아진다는 숲, 숲속은 그래서 쾌적하기 그지없다. 펼쳐 놓은 내 노트 위에 언제 날아왔는지 사뿐히 앉아 있는 잠자리에 나는 눈을 크게 떴다.

연못에서 흘러나오는 물소리는 청명한 하늘 탓인가 유난히 맑게 들린다. 능수버들이 그림자를 드리우고 있는 연못 수면 위에도 낙엽은 가득히 떠 있었다. '풍덩' 하고 물고기가 뛴다. 작은 파문이 인다.

여기저기서 잎이 떨어지며 부딪치는 뿌스럭 소리는 마른 나뭇가지 꺾는 소리로 숲속에 울린다. 바람이 세게 부니 숲은 '쏴아! 쏴아!' 마치 비 오는 듯한 소리를 내며 나뭇잎들이 일시에 흩날린다. 나는 몇 번이나 비가 오는가? 착각하여 하늘을 쳐다보곤 했다.

도토리가 '툭' 하고 떨어졌다. 열매며 잎이며 모두가 어머니 땅 대지로 낙하하고 있었다.

노란 병아리 같은 유치원생들이 하나, 둘, 셋, 넷 선생님의 구령 소리에 따라 외치며 줄을 지어 지나간다. 그들의 구령 소리가 내게는 새싹이 돋아나는 합창으로 들린다. 숲속은 새로운 세대(世代)를 준비하는 생명의 소리로 가득했다.

사람들은 부산하게 서두르면서 썰물처럼 밀려가 버리고 숲은 다시 제 모습으로 돌아와 고요하다.

나는 떨어지는 낙엽을 보며 조락(凋落)도 하나의 아름다움이라고 생각했다. 그리고 죽음 또한 아름다운 자연의 한 현상으로 받아들여야 하지 않을까 하는 생각도 해보았다.

다음 세대를 위한 앞 세대의 조용한 사라짐, 그것은 자연만이 가지는 거스르지 않는 순리(順理)의 아름다움이 아니겠는가.

피고 지는 이 자연의 현상은 순리의 완성을 뜻한다.

숲에는 소리가 있었다. 대지의 생명을 이어 가는 모성(母性)의 소리, 자애스러운 어머니의 목소리가 있었다.

무심히 바라본 돌 하나

비 오면 산은 갑자기 젊어진다. 골짜기마다 물이 흐르기 시작하고 나무들은 쏟아져 내린 비로 상큼하게 다시 생기를 찾는다. 이름 모를 풀들도 향기를 뿜어낸다. 물기에 찬 숲속은 나무 향기 풀 향기로 향기롭다.

비 맞으며 웃고 있는 나무들, 소리내며 흐르는 계곡의 물살, 이런 것들을 보고 있으면 내 마음은 하늘에라도 오를 듯 춤을 춘다. 그때 나는 살아 있다는 기쁨을 만끽한다.

어저께 온 비에 도봉산은 습기를 가득 품고 환희의 숨을 내쉬고 있었다. 나는 계곡을 오른쪽으로 끼고 단아하게 자리 잡고 있는 금강암 앞을 지나 왼쪽 산속으로 깊숙이 들어간다. 연수암으로 가는 길을 오르다 보면 주위가 더욱 한적해진다.

싱그러운 숲내음을 맡으며 바위에 걸터앉는다. 산에는 아직 푸르른 여름이 남아 있어 좋았다. 한 달째 씨름하고 있는 글을 오늘은 꼭 매듭을 지어야지…. 이런 생각을 하며 걸어 올라간다.

나뭇잎 사이로 햇빛이 새어 들어오고 하늘은 높고 푸르다.

은은한 풀 향기와 대지에서 뿜어내는 훈훈한 흙내음이 내 감각을 상쾌하게 흔들어 놓는다.

글을 쓴다는 것은 행복한 일이다. 그러면서도 뜻에 미치지 못할 때는 실망을 하게 된다. 느낌에 따르지 못하는 표현이나 문장의 틀이 제대로 잡히지 않을 때에는 밤을 지새우면서 몸살을 한다. 애써 써놓은 글들이 다음 날 보면 유치하기 짝이 없을 때가 있다. 그럴 때는 초조해지고 공연히 속이 상한다.

대상을 자기화(自己化)한다는 문제는 쉬운 작업이 아니라는 것을 깨닫게 된다.

산속에 있는 휴게소에 앉아 네댓 시간을 쓰고 보니, 대체로 골격은 갖추어졌다. 그거나마 다행스러운 산행이었다고 생각하며 저물어 가는 산골짜기를 걸어 내려왔다. 산을 거의 내려온 지점에 조그마한 쉼터가 만들어져 있었다. 그 길가 쪽으로 김수영 시인의 시비(詩碑)가 있었다. 1950년대, 1960년대의 우리 시단에서 무서운 저항을 펼치던 정열도 지금 여기에는 없었다.

허전한 마음으로 시비 앞에서 잠시 서성이다 돌아서 몇 발자국 아래로 내려오니 저만치에 커다란 회색빛 돌 하나가 좌대에 얹혀 있는 것이 관목(灌木) 사이로 보였다. 가까이 다가가 보니, '이병주 선생 추모의 모임 1993년 4월'이라고 씌어진 추모비다. 가슴이 철렁했다. '이럴 수가! 아니 그분이 언제 가셨다는 말인가?'

어쩐지 근래에 그분의 글이 보이지 않기에 나는 잠시 활동이 뜸하신 줄로만 알고 있었던 것이다. 그분이 가신 것도 모르고 있었다는 송구스러움과 그분을 잃은 허무감으로 나는 가슴이 메어 왔다.

그분의 글은 늘 내게 공감을 주었다. 언제나 박력이 있고 친근감을 느끼게 하는 그분의 글을 대하면 나는 후련하고 흡족하여 행복했다.

직접 뵈온 일은 없어도 그런 분이 계시다는 것만으로도 우리 젊은이들에게는 마음 한구석이 든든하였다.

퍽 오래전에 이병주 선생님의 이런 글을 읽은 일이 있다.

그가 옛날 연모하였던 여학생을 40대 중년이 되어 어떤 모임에서 만나게 되었는데, 그 여인이 너무나도 알아보기 어려울 정도로 변한 모습에 무척 실망하였다는 내용의 글이었다. 물론 외모의 변화만이 아니라는 것을 문맥으로 보아 알 수 있었다.

그렇다. 마냥 나이테만 쌓인 사람은 타인에게도 실망을 주는 것이다. 선생님의 이 글은 나를 깊이 돌아보게 하였고 그리고 내가 다시 공부를 하게 된 계기가 되기도 하였다.

추모비에는 그분의 참회의 글이 다음과 같이 새겨져 있었다.

   나는 북한산과의 만남을 계기로
   인생 이전과 인생 이후로 나눈다.
   내가 겪은 모든 굴욕은
   내 스스로 사서 당한 굴욕이란
   것을 알았다.
   나의 좌절 나의 실패는
   오로지 그 원인이 나 자신에게
   있다는 것을 알았다.

> 친구의 배신은 내가 먼저
> 배신했기 때문의 결과이고
> 애인의 변심은 내가 그렇게
> 만들었기 때문의 결과라는 것을
> 안 것도 북한산상에서이다.
> ―이병주, 『산을 생각한다』, 〈북한산 찬가〉

나는 한참을 추모비 앞에 서 있었다.

까만 나비 한 마리가 그분의 넋인 양 추모비 위로 날아왔다가 날아갔다. 산사(山寺)의 종소리가 '뎅그렁 뎅그렁' 구슬프게 산을 울리며 퍼져 나갔다.

해 저문 검푸른 하늘 아래 도봉산 봉우리는 저기 저렇게 의연히 솟아 있건만 어즈버! 인걸(人傑)은 간 곳이 없구나.

인생무상. 허허로운 마음을 한 아름 안고 나는 쓸쓸히 발길을 돌렸다.

들판에 바람이 불면

영종도의 그 들판을 자주 찾게 되는 것은 그곳이 자연 그대로의 황무지이기 때문이다. 야생의 들은 자유분방하다. 더구나 다니는 사람마저 거의 없어 들은 내게 더없이 좋다.

일망무제로 펼쳐진 황무지 들판의 한쪽 끝은 아스라이 산자락에 닿아 있고 확 트인 들판의 열려진 쪽은 푸른 하늘과 푸른 바다가 맞닿아 수평선을 이룬다. 나는 오늘도 홀로 그 들판을 간다. 무한대로 뻗어 나간 바람 부는 허허벌판을 향하여 무아지경으로 걸어가는 이 자유로움은 그 무엇에도 비길 수 없는 즐거움이다.

들판은 높다란 긴 논둑을 지나가게 된다. 울퉁불퉁 황톳길 둑가에는 갈대가 무성하여 가을이면 둑길은 갈대에 푹 파묻힌다.

아직 겨울이 서성이고 있는 동춘(冬春)의 논에는 논물이 넘칠 듯이 가득히 대어 있다. 쌀쌀한 바람이 수면 위에 불어와 논에는 잔잔한 물결이 넘실댄다. 겨울은 채 가시지도 않았는데 농부는 벌써 봄을 준비하고 있다. 부지런한 농부의 손길과 질박한 마음이 나를 슬프게 하는 것은 웬일일까? 고되고 힘든 농사의 길을 마다하지 않는 그 순박한 성실함 때문일까? 약삭빠르게 돌아가는 세태 속에서 농사만은 수천 년을 우직하게 이어져 내려온다. 땅은 어디까지나 정직하고 농부는 그 땅과 더불어 천리(天理)에 순응하며 살아간다. 본연의 인간성이 오직 여기에서만 살아남은 것 같아 나는 그 선(善)함이 너무 귀하고 고마워 가슴이 뭉클해진다.

둑길이 끝나면 그대로 광활한 벌판이다. 벌판에는 길다운 길이 없고 해안이 가까워지면서 군데군데 염분이 돋은 하얀 습지대가 나타나기도 한다.

어느 이른 봄 들판에는 클로버꽃이 가득했다. 노랑 민들레며 보랏빛 제비꽃이며 막 돋아난 풀들까지 들판을 가득히 덮고 있었다. 들은 보드라운 입김을 내뿜으며 긴 잠에서 깨어나고 있었다. 5월에 찾아간 들판은 그 사이 자라난 풀들로 초원의 바다를 이루고 있었다. 아이들의 키만큼이나 자란 풀들은 훈풍에 파도처럼 물결치고 있었다.

가을이 되면 어느덧 갈대는 숲을 이루고 들판의 앉은뱅이 풀들도 조그마한 이파리가 빨갛게 단풍이 든다. 풀들은 서둘러 열매를 맺고 씨앗을 흩날려 자손을 퍼트리고 그리고는 가을을 따라 총총히 사라져 간다. 모두를 덧없이 떠나 보낸 들은 고독한 우수에 잠긴다. 뒤이어 황량한 들판에 겨울이 찾아오고 모두가 고사(枯死)하고 만 텅 빈 들에는 을씨년스런 바람이 휘몰아친다. 나는 몰아치는 들바람 한가운데 서서 들판의 소리에 귀 기울인다.

눈발이 희끗희끗 날리는 들녘을 터덜터덜 걸어가는 길손의 귓

가에는 차디찬 북풍이 스산하게 울려온다. 그 옛날 고향의 논두렁을 내 친구 채죽이와 같이 손잡고 걸어가던 기억이 아련히 밀려온다. 지금도 불고 있을 함경도의 하늬바람 소리가 들리는 것만 같다. 팔랑팔랑 목도리를 바람에 날리며 빨간 볼로 재잘거리던 그때 그 함경도 아이들은 지금 모두 어디로 간 것일까. 한 맺힌 함경도 바람을 타고 멀리멀리 하늘로 올라간 것일까?

바람 부는 들판은 나를 잠시 먼 고향의 들녘으로 데려간다. 깊은 슬픔의 골짜기 같은 북쪽의 내 고향, 죽어서도 끝내 못 가고 말 것 같은 내 고향, 내 향수의 아픔은 이제는 아파할 힘조차 잃어 간다.

들판을 걸어 걸어 해안까지 나갔다가 오른쪽으로 꺾어 산길로 들어섰다. 산이라야 야트막한 야산이다. 그 속에 해양학생수련장이 널찍이 자리 잡고 있다. 여름이면 텐트를 치고 수련하는 학생 단체들을 볼 수 있다. 몇 해 전 해안가에서는 고대 유적지 발굴이 행해지고 있었다. 보드라운 흙을 체로 치면서 고대인들의 삶의 흔적을 주워 모으고 있는 대학생들의 진지한 모습이 대견하기만 했다. 발굴하고 있는 삶터는 뒤로 얕은 야산이 둘러 있고 앞으로는 바다를 면해 있어 지금 보기에도 좋은 삶터로 여겨진다.

고금을 통한 이러한 인간의 동질성이 놀랍지 않은가. 나는 야릇한 전율을 느끼며 아득한 선사 시대부터 오늘의 내게까지 맥맥이 흘러온 유구한 인류사의 숨결에 숙연해진다.

까마득한 신화 같은 상고대를 넘나들며 나는 꼬불꼬불 산속으로 들어갔다. 산길 이쪽 저쪽 둔덕에 밭들이 경작되어 있는데 주로 고추 농사를 짓고 있다. 밭고랑에 버티고 서 있는 저 허수아비는 빨간 야구모자를 쓴 품이 사뭇 현대적이다. 참으로 세상은 구석구석 많이도 변했다. 뷰우 뷰우 새소리가 산속에 울리고 푸드득 산꿩이 황급히 날아오른다. 시원한 바람이 산 위에서 불어오고 하늘은 그 산 위에 푸른데 금빛 햇살이 숲속으로 새어들어 와 산속은 해맑은 초록빛으로 출렁인다.

영종도의 여름은 푸르고도 푸르다. 이렇듯 봄이면 봄, 여름이면 여름, 그리고 가을, 겨울 철 따라 아름답게 변모하는 영종도는 지금 신공항 건설에 이어 여기저기 개발이라는 이름으로 마구 파헤쳐지고 있다. 자고 나면 산 하나가 사라지곤 한다고 안타까워하는 젊은 아낙이 있는가 하면 대대로 이곳에서 농사를 짓고 있다는 토박이 할아버지의 한숨 소리도 있었다. 발전해 가는 사회의 뒷면 그늘에는 이렇듯 잃어져 가는 것에 한숨 짓는 그곳 주민들의 희생이 숨어 있다.

묵묵히 침묵하고 있는 이 들판도 앞으로 어떤 모습으로 변할지 모를 일이다. 근심 어린 눈으로 바라보는 들판 위 하늘엔 새털구름이 높이 떠 있고 어두움에 잠겨드는 산 위로 붉은 노을이 길게 비꼈는데 멀리 산속으로 날아가는 새 한 마리 이름 모를 그 새는 높고 맑은 피리 소리로 울며 날아간다. 풀을 뜯던 소도 집으로 돌아가고 그 자리에는 백로만 홀로 꿈꾸듯 앉아 있다.

어느덧 황혼도 지고 바다는 어둠 속에 잦아든다. 멀리 영종도도 그리고 영종도의 들판도 천천히 잠기어 간다.

앞으로 들판은 본래의 모습을 잃을지도 모른다. 그 모습이야 어떻게 변하든 내게 자유로움의 기쁨을 만끽하게 하고, 때로는 나를 사색의 꿈속으로 데려가기도 하였던 이 들판의 소박한 아름다움은 오래오래 내 기억에 남아 있을 것이다.

제3부

행복과 불행의 차이

행복과 불행의 차이

K는 내가 30대 중반쯤에 만난 직장 친구다. 그는 서글서글한 눈매와 늘씬한 몸매로 그때 두 아이의 엄마였다. 가정도 부유한 편이었고 남편도 대단히 촉망받는 전문 직업인이었다. 그러니 그는 별로 부러울 것이 없는 상류층의 생활인이었다고 할 수 있다.

동갑내기인 우리는 고향도 같은 함경도이다 보니 각별한 사이가 되었다. 비슷한 또래 셋은 잘 어울려 다녔다.

서로의 생일을 축하한답시고 음악 감상실에도 갔다. 어린 20대들 틈에 끼어 앉아 카르딜로곡의 〈무정한 마음〉을 신청하면서 멋을 부리기도 하였다. 그는 어려서 바이올린을 배운 일도 있는 음악 애호가였다. 음악에 대한 식견이 우리들과는 비교도 안 되게 차원이 높았다. 성격이 대범하여 자질구레한 일에는 별로 신경을 쓰지 않는데다 아기 같은 순수한 마음을 가지고 있었다.

그는 경륜을 많이 겪은 사람처럼 인생을 달관한 것 같은 면도 있어 내 마음에 들었다.

나는 지금도 인생의 깊이랄까 그 어떤 고뇌를 모르는 사람과는 친구가 잘 되지 못한다. 이는 내 성격이 편협한 탓일까.

모든 여건이 행복하게 갖추어진 그도 차차 알고 보니 고통 속에서 나날을 보내고 있었다. 남편은 우수한 만큼이나 여성 편력도 심해서 결혼 전부터의 무절제한 생활이 결혼 후에도 계속되어 가정이 말이 아니었다.

그래도 그는 남편을 사랑하였기에 굴욕을 참고 돌아오기를 기다리며 살고 있었다. 어쩌다 남편에게 전화를 걸 때면 얼굴이 빨개지던 그를 보고 나는 그가 얼마나 남편을 어렵게 여기는지 알 수 있었다. 그렇게 남편을 끔찍이 알던 그가 셋째 아이를 낳고는 돌변해 버렸다. 그는 남편이 근무하는 병원에서 아기를 분만하였는데 그 생명을 건 진통의 순간에도 남편은 딴 여자와 있었던 것이다.

그 사실을 알게 된 그는 분만 후 한 달을 눈물로 보내다가 드디어 결심을 하고 집을 나왔다. 친정집에서 출퇴근을 하는 그를 우리는 타이르고 타일렀지만 그는 아주 단호했다. 그러던 어느 날 퇴근 무렵 그는 얼굴이 무섭게 먹구름이 끼어 있는 것을 보고 나는 섬뜩한 느낌이 들었다. 바로 그날 밤 그의 남편은 스스로 생을 마감하고 말았다.

남편의 죽음이 아내의 얼굴에 예고되었던 것일까?

부부란 무엇일까. 참으로 새빨간 타인으로 여겨지다가도 결코 타인일 수 없는 것이 부부인 것 같다. 그들은 대학 동창으로 맺어졌고 각기 최고의 전문직에 종사하는 지식인이었건만 사회의 기본인 가정인으로서는 그만 실패하고 만 것이다.

그 무렵의 일이다. 퇴근길에 나는 아주 흐뭇한 광경을 보았다. 도시의 저녁은 분주하고 부산하다. 여름날의 긴 해도 다 떨어지고 거리는 어둠이 깔리기 시작했다. 잡다한 군상들이 바삐 가고 있는 길에 채소 장수인 듯한 한 쌍의 부부가 가고 있었다. 젊은 남편이 빈 리어카에 아내를 태우고 끌고 가고 있었다. 배춧잎이 몇 잎 떨어져 있는 리어카에 앉아 흔들리며 실려 가고 있는 아낙의 표정은 매우 흡족하고 생기 넘쳐 보였다.

이들 건강한 부부에게서 나는 옛날부터 내려오는 우리나라 소시민의 전형적인 부부상을 보았다. 그것은 별스럽게 표현할 줄도 모르고 요란한 과장도 없는 은근한 정이 엿보이는 그런 부부의 모습이었다. 덤덤함 속에 진실된 마음과 마음이 어우러질 때 그 속에서 행복의 싹들이 소롯이 솟아나는 것이 아닐까.

우리네 부모님들도 그렇게 살았으리라.

K는 남편에게서 엄청난 고통을 받았지만 그가 간 후에는 그와의 아름다웠던 추억만을 안고 마치 남편이 살아 있는 것처럼 살고 있었다.

때로 남편을 이야기할 때도 꼭 살아 있는 사람의 이야기를 하듯 했다. 그런 그를 사람들은 이상하게 보기도 하였지만 나는 그를 충분히 이해했다. 그에게 있어 남편은 죽은 것이 아니었던 것이다.

아버지를 꼭 닮은 아들의 모습에서 남편을 보며, 그의 핏줄인 아이들을 기르며 열심히 사는 그는 결코 자신을 불행하다고 생각하지 않는 것 같았다. 그는 꿋꿋하게 직장 생활을 계속하고 있었고 공부도 꾸준히 하고 있었다. 때때로 그는 남편의 친구이자 자기 친구이기도 한 동창을 보기가 고통스럽고 죄스러워 이 땅에서 못 살겠노라고 내게 하소연하기도 했다.

결국 K는 몇 년 후에 어린것들을 데리고 미국으로 이민을 갔다. 그리고 얼마 후 제법 자란 아이들에 둘러싸여 활짝 웃으며 찍은 사진과 함께 예쁜 카드에 깨알 같은 글씨로 미국에서의 직장 생활과 아이들의 이야기를 적어 보냈다.

나는 기뻤다. 초라한 짝 잃은 여인이 아니라, 더 힘차고 더 넓게 인생을 개척해 가는 그는 함경도 여인 특유의 강인함을 보여 주었다. 나도 덩달아 긍지를 느끼면서 마음속으로 갈채를 보냈다.

K에게서는 행복과 불행의 차이를 가늠하기가 어렵다.

그는 불행을 불행으로 여기지 않는 여인이었다. 젊은 날의 불타는 정념과 애증과 고뇌 그리고 분노와 온갖 슬픔을 남편과 함께 다 묻어 버리고 이제 아이들과 다시 사는 인생을 그는 훌륭히 살아냈으리라 나는 믿는다. 세월이 흘러 황혼에 접어든 지금 그의 몸은 세월 앞에 어쩔 수 없이 변해 버렸겠지만, 그 시원한 눈매와 순수한 마음은 변하지 않았으리라.

떠오르는 아침의 태양은 찬란하다. 그러나 서편 하늘에 하나 가득 붉은 노을을 수놓고 잔광(殘光)의 여운을 길게 남기며 서서히 잠기어 가는 저녁 해도 그 아름다움은 그지없는 것이다.

열심히 살아온 인생도 저물어 가는 저녁 해처럼 장엄하지 않은가!

행복이란 무엇인가? 사람은 모두 행복을 추구한다.

그러나 행복과 불행은 객관적인 기준으로 뚜렷이 구분되어질 수 있는 것일까? 된다면 그 차이는 얼마만한 것일까?

내가 얼마 전에 읽은 강범우 교수님의 저서 『사랑과 행복의 사회학』에서 강범우 교수님은 행복에 대하여 이렇게 정의했다.

"행복은 불행을 이겨내려고 하는 신선한 노력이다. 불행에 완강히 저항하는 의지다."라고….

K는 불행한 여인이 아니다. 그는 불행에 저항하고 불행을 행복으로 이끌어 간 훌륭한 여인이라고 나는 생각한다.

그 시대 사람들

　1944년은 2차 대전이 막바지에 접어든 해로서 패색이 짙은 일본은 모든 일에 악이 받쳐 있었다. 패전의 분풀이까지 감수해야 했던 식민지하의 공포시대를 어린이로 살았던 나는 여기 비록 작은 한토막의 이야기에 지나지 않지만 그러나 한없이 큰 다음의 이야기를 하지 않을 수 없다. 그것은 또 내 의무이기도 하다.
　1944년 그때 초등학교 5학년이었던 우리들은 봄, 여름, 가을, 늦가을까지 근로봉사라는 이름으로 온갖 일에 동원되었다.
　학교에서 오전 수업을 마치고는 담임 선생님 인솔하에 산으로 들로 밭으로 논으로 헤집고 다녔다. 조그만 손으로 산에 가서 소나무 뿌리도 캐고 들녘에서는 묘목도 심었다. 바람 부는 황량한 들판에서 흙먼지를 뽀얗게 뒤집어 쓰고 해가 뉘엿뉘엿 질 때까지 꼬부리고 앉아 묘목을 심었다. 우리는 또 풀도 베어야 하고 논에 들어가 피도 뽑아야 했다. 가을에는 내 키보다 더 큰 벼이삭들이 물결치는 논두렁을 이리저리 뛰어다니며 메뚜기도 잡아야 했다. 일제는 전쟁을 위해서 우리 어린이들까지 혹사에 혹사를 거듭했다.

내가 북청(北靑)의 이 학교에 전학을 와서 처음 만난 담임 선생님이 미쯔모도[光本]라는 일본식 이름의 우리나라 여선생님이었다. 미쯔모도 선생은 여러 선생님들 중에서 특출나게 예뻤다. 지금 생각해 보면 영화배우 잉그리드 버그만과 비슷한 얼굴이 아닌가 싶다. 선생님은 서울에 있는 그 당시 명문교인 경성사범을 나오셨다고 들었다. 대단한 수재인 것이다.

선생님의 수업은 항상 긴장감이 팽팽했고 나는 그때 정말 열심히 공부했다. 특히 선생님의 음악 수업은 아주 열정적이었다. 화음(和音)이 완벽할 때까지 하고 또 하고 그리고는 복도에 나가서서 멀리서 들려오는 우리들의 화음을 감상하고 들어오셔서 선생님이 짧게 "아 잘했어." 하실 때까지 우리들의 노래는 계속되었다.

특히 반 전체가 윤창(輪唱, 이어 부르기)을 할 때는 마치 교향곡 중의 합창처럼 장중한 멋까지 있었다. 이렇게 열성적인 선생님이시지만 나는 선생님이 웃으시는 모습을 거의 보지 못했다. 딱 한 번 근로봉사 나가는 길에 열을 지어 선생님 뒤를 따라갈 때다. 우리 중에 누군가가 선생님 걸음에 맞추어 노래를 부르자고 소근거렸다. 우리는 모두 목청을 높여 불렀다. 그때 선생님이 우리를 돌아보시면서 소리 없이 웃어 주었다. 선생님의 웃음을 본 것은 그때가 처음이자 마지막이었다.

가을이 되어 학교에서는 소풍을 갔다. 마침 그때 눈병이 난 나는 소풍을 가지 못한 아이들 서너 명과 같이 교실에 남아 있었는데 그날 우리들은 운수가 나빴든지 교실에서 놀지도 못하고 교장 선생님 댁에서 하루 종일 팥을 골라야 했다. 숨도 크게 못 쉬고 마루에 무릎을 꿇고 앉아서 돌과 벌레 먹은 것을 골라냈다. 소풍 간 아이들이 돌아올 무렵이 되어서야 겨우 풀려 나왔다. 소풍에서 돌아오신 선생님은 우리들 이야기를 들으시더니 아주 언짢아 하시면서 무언가 혼잣말을 하셨는데 나는 알아들을 수 없었다.

　1944년 그해 겨울 몹시 추운 어느 날 아침 우리 반에는 뜻하지 않은 일이 일어났다. 아침 운동장 조회를 추위 속에서 마친 아이들은 우당탕 쿠당탕 교실로 달려 들어갔다. 그때는 전쟁중이라 극도로 물자가 부족한 때여서 우리 반의 난로는 다리 하나 부러진 채로 벽돌을 고여서 쓰고 있었는데 아이들이 달려 들어오는 바람에 마루가 울리면서 난로가 그만 기우뚱 넘어졌다. 다행히 지핀 지 얼마 안된 불은 가물가물 약하게 타고 있었다. 우리는 어찌 할 바를 몰라 우왕좌왕하고 있는데 선생님들이 우루루 우리 교실로 몰려오셨다. 난로는 일으켜 세워졌고 불은 이미 꺼져 있었다. 그런데 교단에 버티고 선 일본인인 이시가와[石川] 교장은 우리를 향해 소리를 질렀다. 난로 쓰러뜨린 사람은 나오라는 것이다. 그러나 쓰러뜨린 것이 아니니 아무도 나가는 사람은 없었고 결국 주번 아이 둘이 불려 나갔다. 나가자마자 교장은 그 어린것들을 한마디 상황도 묻지 않고 가차없이 때렸다. 아이들은 저쪽 복도 문 앞까지 쓸려가 둘이 겹쳐 쓰러졌다.

　우리들은 겁에 질려 숨을 죽이고 그 광경을 보고 있을 뿐, 그때 우리 선생님이 아이들 앞으로 나섰다.

　"제가 잘못했으니 아이들 대신에 제가 맞겠습니다." 또렷한 목소리였다. 이시가와 교장은 기다렸다는 듯이 서슴없이 우리 선생님 얼굴을 때리는 것이 아닌가. 순간 우리들은 "아~" 하고 비명을 지르며 일제히 울음을 터뜨렸다.

나라 잃은 백성이기에 겪어야 했던 이 굴욕적인 모욕은 세계 어느 나라 아니 어떤 침략국의 교육기관에서도 그 유례가 없을 것이다.

나는 이 야만적인 사건을 일생 잊을 수 없다. 선생님은 그날 장시간을 무엇인가 쓰고 계셨다. 눈물을 간간이 닦으시면서도 단정한 자세는 흐트러지지 않으셨다. 쓰고 또다시 쓰고 그리고는 이별의 말씀도 하시지 못하고 우리 곁을 떠나셨다.

암울했던 시절 빼앗긴 나라의 선생과 그 학생들이 겪어야 했던 슬픈 이야기다.

전쟁 말기의 무시무시한 상황 속에서도 꿋꿋하게 보여 주신 그 용기와 정의로움, 그리고 제자 사랑을 행동으로 실천하신 선생님께 나는 깊은 존경과 애정을 보낸다.

이성을 잃은 듯이 소리 지르는 교장 앞에서 우리 선생님은 조용하면서도 결연한 모습이었다. 그것은 하나의 커다란 비장한 사건으로 지금도 내 가슴 한구석에 깊이 자리 잡고 있다.

오늘날 다시 찾은 조국의 어린이들은 얼마나 씩씩하고 발랄한가. 세계 어린이들과 어깨를 나란히 하고 당당하게 뻗어 가는 이 나라의 어린이들을 볼 때 나는 더없이 기쁘고 자랑스럽다.

빛나는 조국, 그 속에서 자라나는 우리 어린이들도 하나하나 빛나는 보석이 되기를 바란다.

지난날 우리가 억눌려 지내던 시절 동족애로 어린 제자들을 감싸 주시던 선생님, 분노를 삼키며 말없이 애국하시던 선생님의 존귀한 이야기를 나는 널리 알리고 싶었지만 못난 제자는 이제껏 아

무엇도 못하고 말았다. 긴 세월이 흘러가 버린 지금 나는 다만 선생님의 건강과 행복을 빌 뿐이다.

자유의 날개를 달고

　강원도의 어느 영(嶺)마루를 돌아가듯 굽이굽이 돌아가는 산굽이가 좋아 나는 가끔 혼자서도 이 산굽이를 찾는다.
　산길은 산 중턱을 돌아가며 나 있다. 길 왼쪽으로 산이 솟아 있고 오른쪽으로는 산이 흘러내린 낭떠러지다. 낭떠러지 쪽도 나무숲이 꽉 들어차 있고 골짜기에는 물이 흐르는데 나무숲에 가려 물줄기는 잘 보이지 않는다. 이 길은 어쩌다 간혹 등산하는 사람 하나 둘 볼까 그것도 극히 드물다. 근처에 고대산 등산로가 두세 군데 있다 보니 굳이 여기까지 올 필요가 없어서인 것 같다. 길에 희미하게 차량 바퀴 자국이 나 있는 것으로 보아 한때는 이 길이 군사도로였던 것 같다. 하기사 내가 처음 왔을 때 도로 입구에 하얗게 퇴색한 '일반인 출입금지' 팻말이 헐렁한 철망 문기둥에 붙어 있기도 했으니까.
　인적이 거의 없는 길은 자연 생태 그대로이다. 비라도 오면 산길은 새소리조차 들리지 않는 깊은 정적 속에 잠긴다. 뿌연 비안개가 온 산을 휘감고 자박자박 내 발자국 소리만 산의 고적감을 더한다.

여름에 이 길은 온갖 풀들이 돋아난다. 쑥은 내 키만큼이나 자라나고 민들레랑 질경이랑 온갖 이름 모를 풀꽃들이 뒤덮인다. 풀줄기들이 이쪽저쪽에서 뻗어 나와 길 한복판을 가로질러 길게 누워 있기도 한다. 길가 산기슭에는 작은 옹달샘이 있다. 맑은 물이 항상 넘쳐흐른다.

초겨울 첫눈이 여기에도 흩뿌려 응달진 산굽이에는 눈이 하얗게 깔렸다. 눈 위에 새들의 발자국이 쫑쫑 찍혔다. 아침 식사라도 하고 간 것일까. 길가에는 가랑잎이 수북이 쌓이고 개망초 무리들이 무리지어 서 있다. 동글동글한 하얀 솜꽃을 이고 마른 줄기로 버티고 섰다. 빛바랜 억새며 봄에 따먹었던 딸기나 무가 엉성하게 뒤엉킨 덩굴 사이로 나를 기웃이 내다본다. 땅에는 바싹 붙어 풀싹들이 솟아나고 있다. 조것들이 겨울을 무사히 날 수 있을까?

산굽이 돌 때마다 풍광이 달라진다. 하늘의 빛깔도 달라진다. 멀리 산봉우리들이 달려가듯 겹겹이 물결치는 능선은 아름답다. 맑고 푸른 하늘에 한 줄 펜으로 그은 듯 능선의 스카이라인 또한 유별나게 선명하다. 굽이굽이 돌아가며 바라보는 하늘은 구름 한 점 없이 푸르고 그 푸르름 속에 갈색 잎을 달고 솟아 있는 나무의 은은한 자태는 참으로 수수한 정적인 동양미다.

한 굽이 두 굽이 세 굽이 몇 굽이를 돌았을까. 갑자기 쿵 하고 마치 산자락 한자리가 무너지는 소리와 함께 산속에서 시커먼 것이 튀어 올랐다. 거대한 독수리 두 마리다. 튀어 오른 독수리보다 내가 먼저 혼비백산했다. 두 마리 뒤에 또 한 마리 나왔다. 그리고 또 한 마리 새끼까지 뒤따라 독수리는 모두 네 마리다. 날개를 활짝 펴고 날고 있는 독수리의 양날개는 족히 2m는 넘어 보인다. 아니 거의 3m는 됨직한 대단히 거대한 독수리다. 그중 두 거한이 내 머리 위까지 날아 내렸다. 사각사각하는 날개깃 소리까지 들려와 나를 오싹 긴장시킨다. 놈들은 별것 아님을 알아차린 듯 빙 돌고는 유유히 날아간다. 석양이 길게 비낀 서쪽 하늘로 독수리 가족은 높이높이 날아간다. 아! 나도 훨훨 날아가고 싶구나.

눈 아래 멀리 펼쳐진 들녘은 가을걷이가 이미 끝나 빈 들이건만 여전히 부드러워 보이는 것은 여름내 곡식을 영글게 했던 흙의 모성(母性)이 아직 남아 있어서인가 들녘은 평화롭다. 그 들녘 한가운데 어린 내가 서 있다. 긴 밭고랑 사이로 내달리는 조그마한 여자아이가 보인다. 얼마나 행복했던 그 시절이냐.

산은 연이어 나타나고 나는 다시 걷는다. 저만치 산 중턱 나무 아래 무언가 시커먼 물체가 보인다. 놀랍게도 바위 같은 독수리 한 마리가 잔뜩 웅크리고 돌아앉아 있다. 무언가 먹고 있는 듯하다. 날개로 덮고 부시럭부시럭 독식하고 있는 모양새가 웬일인지 꼴사납게 보인다. 뒷모습에 욕심이 심술궂게 드러난다. 사람의 지나친 욕심도 그 추함은 숨길 수 없이 드러나기 마련이다. 놈은 어지간히 포식했는지 훵하고 날아올랐다. 인간의 존재쯤은 안중에도 없다는 듯 뒤도 돌아보지 않고 날아간다. 모두 서쪽 하늘로 날아간다.

해 질 녘이 가까워서일까 이 산 저 산에서 새들이 분주하다. 딱딱딱 딱따구리가 나무에 붙어 부지런히 쪼고 있다. 째액째액 탁음으로 우는 새, 삐이로롱 삐이로롱 맑고 고운 휘파람 소리로 우는 새. 산속에는 새소리가 요란하다. 한 줄기 바람이 불고 지나가니 산은 쏴아 하고 화답한다.

지금 산야에는 겨울이 오려고 한다. 잎을 떨군 나무들은 눈을 감고 가지도 줄기도 모두 상념에 잠긴 듯하다. 나도 한낱 나무가 되어 고향의 가을을 회상한다. 들판은 풍요로웠고 사람들은 다정했다. 슬픈 땅 내 고향을 생각하면 가슴이 미어진다. 굽이굽이 돌아가는 이 산굽이처럼 돌아보는 내 인생도 몇 굽이였는지….

초등학교 시절에는 세계 2차 대전, 중학교 시절에는 6·25동란, 그리고 이어 뒤따라온 사회 전반의 대격변을 겪으며 그 험한 산봉우리도 다 넘어온 나는 이제 인생의 석양을 향해 가고 있다. 찬란한 해돋이가 역동적인 아름다움이라면 해넘이 석양은 조용히 사라지는 원숙미다. 긴 세월을 살아오면서 후회도 참회도 많고 많지만 그 모두에 용서를 구하며 내가 퇴장하는 길도 저 노을빛이 녹아든 석양처럼 원숙한 아름다움을 지니기를 바란다.

내가 걸어온 그 모든 삶이 헛되지 않도록 나는 나를 가꾸고 지키는 일에 더욱 전념할 것이다. 이 산길에서 나는 나를 돌아보며 회상과 사색과 그리고 구상(構想)을 되풀이한다.

자유의 날개를 달고 내 사유(思惟)는 끝이 없다.

두 소녀

순아, 우리가 다시 만나게 된 것이 30대 중반쯤이었던가? 우리는 서로가 부산 영도에서 3년간이나 피난 생활을 했으면서도 어찌 그리도 못 만났을까.

참으로 만남이란 묘한 것이구나.

어느 날 아침 만원 버스에 부대끼면서 출근하는 길이었는데 바로 옆에 서 있던 멋쟁이 아주머니가 불쑥 말을 걸지 않겠니. "저어 혹시 이북에서 오시지 않았어요?" "예, 나 북청에서 왔는데요." 이북이라는 말에 귀가 번쩍하여 나는 숨 쉴 새도 없이 대답했다. "그래, 너 아무개지?" "응. 그런데 너는?" 규와 나는 짧은 시간에 숨이 찼다. 놀라움 속에 미처 말을 잇지도 못하고 나는 내 직장만 대강 알려 주고 허겁지겁 내려야 했다.

그리고 며칠 후 규에게서 들었노라면서 순(淳) 네가 찾아왔더구나. 실로 20여 년 만의 만남이었지. 길에서 만나면 모르고 지나치

리만큼 서로가 변한 모습이어서 한동안 서먹하니 말이 안 나왔지. 그동안 너는 너무 힘들게 살아왔고 그때 이미 남편을 잃고 홀로 세 아이를 키우느라 고생고생하는 처지였지. 그런 네게 별 도움을 주지 못했던 것이 지금까지도 마음 한 구석을 무겁게 하는구나. 어렵게 고생하면서도 아들딸 모두 제 몫으로 키워 놓고 이제 겨우 한숨 돌릴 만할 때 너는 그만 쓰러지고 말았구나. 여자이기에 더욱 힘들게 살아야 했던 너의 삶이 안타깝기 그지없다.

이제 너마저 떠나가면 우리의 어린 시절 이야기는 누구와 나눈다는 말이냐. 고달픈 생활 속에서도 우리는 만나면 곧장 북쪽의 어린 시절로 돌아가곤 했지. 너는 나보다 더 또렷이 그 시절을 기억하고 있었어. 까맣게 잊고 있던 사건들을 되찾아내고는 둘이 감격해했지. 감격이 고조되어 문학 이야기로 번지면 우리는 모두를 잊고 시간 가는 줄 몰랐어. 참으로 그 시간만은 순수하게 행복했어.

10년도 더 전에 너와 나는 광릉에 갔었지. 그때 들렀던 봉선사는 춘원 이광수 선생님께서 잠시 머물고 계셨던 사찰이어서 우리는 얼마나 깊은 감동에 싸였던지. 그분의 흔적은 찾을 수 없었지만 우리는 그분이 머물렀다는 그 사실만으로도 가슴이 뛰었어. 경내를 돌며 그분의 작품에 대한 이야기를 끝없이 꽃피웠구나. 너는 또 막심 고리키를 나는 도스토예프스키를 이야기하면서 둘이는 러시아 작가에 대하여 무한한 동경심과 애정으로 가슴 벅차 있었어. 너나 나나 문학을 좋아하면서도 문학 속에 들어가 살지는 못했어.

우리는 한창 꿈 많던 소녀 시절에 6·25동란이 발발하였고 우리의 청년기는 젊은 열정을 펴볼 길도 없이 전후의 혼돈과 빈곤 속으로 무자비하게 매몰되어 갔지. 우리는 참으로 불행한 세대였어.

순아. 그때가 국민학교(초등학교) 5학년 늦여름쯤이었던가. 일본의 아베 총독. 그래 우리는 그때 일본의 총독 치하에서 일본 글을 배우는 식민지 어린이들이었어. 그 총독이 우리 학교를 다녀간 후 우리는 총독에게 보내는 작문을 지었지. 그때 너랑 셋이 뽑혀서 교실에 남아 정성을 다해 정서(精書)하던 생각이 나는구나. 회상해 보면 모두 그립고 눈물겹구나.

멀리 북쪽 북위 40° 너머에 위치한 우리 고향의 겨울밤은 몹시 춥다. 집 안에서도 차디찬 한기가 몸속으로 스며든다. 바람은 요란하게 문을 덜컹거리며 마치 밀고 들어오기라도 할 듯이 무서운 기세로 분다. 지붕 위로 골목으로 스산한 소리를 내며 북풍은 종횡무진이다. 이렇듯 광풍이 부는 밤이면 어른도 아이도 말이 없다.

북쪽의 겨울밤은 그 어떤 변방의 고독 같은 우수가 깃들어 있다.

우리는 이러한 북방기후의 유사성으로 인하여 아마도 그 음울한 그러나 깊은 문학적 향기가 짙게 풍기는 묵직한 러시아 문학에 심취해 있었나 보다.

몇 해 전 아니 그것도 어느덧 6~7년 전 일이구나. 우리는 월미도에 가서 유람선을 탔지. 창가에 앉아 은은히 흐르는 음악을 들으며 차를 마셨지. 그때 바다에는 눈이 내리고 있었어. 나풀나풀 바다에 잦아드는 눈발을 바라보던 너와 나, 그 무상(無常)의 눈길은 실향의 서러움이 깃든 우리만이 품는 슬픈 눈길이었어.

언젠가 남과 북의 예술단이 서로 오가면서 화해의 기미가 보이는 듯하던 때였어. 우리도 혹시 고향에 갈 수 있게 되지 않을까 하는 실낱같은 희망을 걸어보던 때였지. 전화선을 타고 너는 상기된 목소리로 이렇게 말했어.

"야, 수자야 나는 요즘 잠을 못 잔다. 북청에 갈 궁리를 하노라고. 북청에 도착하면 어느 골목부터 먼저 들어갈까 하는 생각까지 한단다." 그러면서 너털웃음을 웃던 네 목소리가 지금도 생생하다. 너의 훈훈하면서도 강한 억양의 토박이 사투리가 아직 내 귀에 남아 있건만….

너는 또 북쪽의 겨울을 좋아한다면서 코끝이 쌩하게 추워야 겨울이 겨울다운 것이 아니냐고 호기도 부리더구나. 추운 겨울에도 냉면을 즐겨먹던 너. 그렇게 건강하고 씩씩하던 네가 어찌 그토록 무기력하게 무너진다는 말이냐. 마지막으로 잡은 네 손의 부드러운 온기는 아직 내 손에 느껴지는데.

순아. 너는 어떤 역경에도 허허 웃을 수 있는 마음이 여유로운 크고 깊은 아이였어. 대륙성 기질이라고나 할까, 매사에 느긋하고 대범했지.

사람이 살아가는 인생길에서 어떤 사람은 노력의 효과가 상승작용까지 일으켜 그 결과가 십이분 발현되는가 하면 그렇지 못한 사람도 있는 세상이 아니냐. 그러나 그 결과가 무슨 그리 큰 대수냐.

너는 어머니의 자리를 꿋꿋이 지키며 최선을 다해 살았으므로 그것으로 너는 생의 승리자인 것을…. 나는 그런 너의 삶에 영광의 찬사를 보낸다.

본향(本鄕)으로 돌아가는 순아, 우리들의 만남은 아름다웠다. 그리고 사랑하는 문학이 있었기에 우리는 행복했다.

그 아이

뱃터로 돌아가는 버스에는 조그마한 사내아이와 아이 아버지 단둘만이 덩그러니 앉아 있었다.

아이 아버지는 푸른 진 바지에 퉁퉁한 노동자 풍이다. 아버지와는 달리 7, 8세쯤 된 아이는 가냘픈 팔다리에 턱이 뾰쪽한 갸름한 얼굴을 하고 있다. 전체적으로 몸이 가늘어 어딘가 연민의 정마저 느끼게 하는 아이다.

아이는 해맑은 얼굴로 아버지 무릎에 기대어 눈과 몸으로 무엇인가 말을 하고 있다. 아버지도 아이의 여리디여린 어깨를 꼭 껴안고 얼굴을 들여다보며 손짓 눈짓으로 이야기를 주고 받는다. 비록 말은 못하지만 부자 간의 의사소통은 그다지 어려워 보이지 않았다.

그들의 대화는 소리가 없음으로써 더욱 깊고 은근하고 정겹다. 아이는 밝고 귀엽고 무척 사랑스러웠다. 나는 무언가 주고 싶어이리저리 뒤졌지만 공교롭게도 배낭에는 아무것도 없다. 겨우 껌 하나를 찾아 아이에게 주었다. 아이는 얼른 받아 입에 넣는다. 그 천진스러움이 내 마음을 더 아프게 한다. 아버지는 덤덤히 창밖을 바라보고 있다. 사람이 살아가면서 일생 짊어져야 하는 그 운명이란 것은 대체 무엇인가?

아버지와 아들 2대에 걸쳐 똑같은 불행, 그것도 어찌 해볼 도리 없는 천형(天刑) 같은 불행을 겪는다는 것은 너무 가혹하고 잔인한 운명이다. 그러나 다행히 당사자인 그들은 여느 부자(父子)에 못지않게 아니 오히려 그들보다 더 편안한 구김살 없는 모습을 하고 있다. 이는 아마도 아버지와 아들이라는 천륜(天倫)의 믿음이 그들 사이에 뜨겁게 흐르고 있기 때문일 것이다.

적어도 그들은 말에 있어서는 태생적(胎生的)인 인간 본연의 순수한 상태에 가깝다고 볼 수 있겠다. 언젠가 읽은 글에 구업(口業)이라는 것이 있었다. 불교적인 뜻으로 여기에는 네 가지 업(業)이 있다고 한다. 즉 거짓말하는 망어(妄語), 한 입으로 두 가지로 말하는 양설(兩舌), 욕을 하는 악구(惡口), 비단처럼 말을 꾸미는 기어(綺語) 등이 그것이다. 그중에서도 기어의 업은 말을 못하는 이들 부자(父子)로서는 전혀 무관한 일이다. 처음부터 저절로 면하게 된 업인 셈이다.

잃는 것이 있으면 얻는 것도 있는 법이라고 나는 마음속으로 그들을 위로했다.

드디어 버스는 뱃터에 닿았다. 배는 이미 승선이 시작되고 있었다. 월미도와 영종도를 오가는 배는 30분마다 운행하는 대형 여객선이다. 그럼에도 늘 붐빈다. 오늘도 승선길은 차량과 사람으로 꽉 차서 뒤엉켜 가고 있다.

나도 움직이는 인파에 싸여 가고 있는데 어디선가 오! 오! 하는 다급한 어린아이의 외침 소리가 들렸다. 참새 새끼의 울부짖음 같은 그 외침은 뜻밖에도 저 앞 어른들 틈에 끼어서 가고 있는 아까 그 버스의 아이가 나를 향해 외치는 소리였다.

아이는 소리치면서 놀란 눈으로 내 뒤를 주시한다. 뒤돌아보니 사람을 가득 태운 관광버스가 위협적인 큰 덩치로 내 등 뒤에 바짝 다가서 있었다.

아이는 차가 나를 곧 덮칠까 봐 있는 힘을 다해 소리쳤던 것이다. 말을 못하는 아이는 소리를 내기 위해 혼신의 힘을 다했으리라.

나는 지금도 그 외침 소리와 두려움으로 가득찬 까만 눈동자를 잊을 수 없다.

충격과 감동 속에 몇 번이나 고마운 표시로 머리 숙여 안심시켰지만 아이는 그래도 마음이 놓이지 않는지 내게서 눈을 떼지 못한다. 아이의 이런 상황을 감지 못하고 아버지는 우직하게 아이 손을 꽉 잡은 채 앞만 보고 수걱수걱 가고 있다.

아이는 돌아보며 돌아보며 사람들 속으로 묻혀 갔다. 배에 올라서도 두리번두리번 아이를 찾았지만 아이는 보이지 않았다.

뭍에 내려서도 아이는 끝내 보이지 않았다.

망망한 바다는 저물어 간다. 나는 저물어 가는 바다를 바라보며 아이의 장래를 생각했다.

인생은 저 파도를 헤치며 나가는 배와 같은 것, 높은 파도도 광란의 파도도 넘어야 한다.

아이야 부디 좋은 청년으로 자라나 너의 앞에 닥치는 어떤 파고

(波高)도 이겨내야 한다. 그리하여 너의 인생 항로를 훌륭히 헤쳐 나가거라.

뱃고동이 길게 울린다. 영종도로 들어가는 배가 출항한다.

바다에 점점이 떠 있는 배들도 항로를 향해 파도를 가른다.

예단포 배꽃

　예단포 포구에서 섬 내륙으로 들어가다 보면 꾸불꾸불 산길이 나온다. 잘 닦인 차도임에도 양쪽에 얕은 산들이 이어져서 마치 산속의 오솔길을 걷는 기분이다. 한참을 걸어가다 보면 왼쪽 언덕 위에 빨간 지붕을 한 현대식 원두막이 하나 서 있다. 이름도 예쁜 무지개 마을 과수원이다.
　지난봄 친구와 나는 배꽃을 보러 여기까지 왔었다.
　"내년 봄 배꽃 필 때 놀러 오시오." 하시던 농갓집 할머니 말씀에 친구를 데리고 온 것이다.
　눈송이 같은 배꽃의 도원경(桃源境)을 그리며 한껏 부풀었던 우리의 상상은 과수원에 들어서는 순간 무참히 무너져 버렸다.
　배나무는 몇 잎의 배꽃이 드문드문 가냘피 달려 있을 뿐 꽃무리는 이미 져 버린 후였다. 우리는 만개(滿開)의 꽃철을 놓친 것이다. 배나무들은 수령이 꽤나 된 듯 고목으로 늙은데다 강도 높은

제3부 행복과 불행의 차이 • 147

전정(剪定)으로 배밭은 삭막하기만 했다.

　오래된 배나무를 갈아엎으려니 경비가 너무 많이 들고 거기에다 위탁농이라 어쩔 수 없이 그냥 저냥 이어 가노라면서 할머니는 약간 미안한 표정이다.

　오로지 열매만을 위해 있는 듯한 형국이 된 나무는 참혹하리만큼 자연미를 잃었다. 생산만을 목적으로 하는 과수원에서 어쩔 수 없이 겪어야 하는 배나무의 운명이리라.

　배는 원래 중국이 그 발상지라 한다. 우리나라도 삼한시대에 이미 배를 재배한 기록이 있다 하니 배는 실로 오래전부터 우리 곁에 있어 온 과실인 것이다.

　수수한 과실수이면서도 묵직한 품위를 지니고 있는 배나무는 옛 사람들의 시흥(詩興)을 돋우던 정취 어린 나무다.

　색깔도 모양도 그 풍기는 품격이 지극히 동양적인 배나무는 수많은 시인 묵객들이 다투어 그들의 시제(詩題)로 또는 화제(畵題)로 삼았던 나무다.

　당대(唐代)의 시인 구위(丘爲)는 이화(梨花)의 아름다움을 '냉염(冷艶)' 즉 차가운 아름다움이라 표현했다.

　한랭한 겨울밤의 달빛처럼 싸늘하게 맑은 이화는 고고한 여인의 절개 같은 감히 범접할 수 없는 차디찬 아름다움을 품고 있다.

　휘영청 밝은 달 아래 옛 선인들이 노래했던 이화의 은은한 고결의 미를 이제 우리는 어디에서 찾아야 하는가. 풍류를 잃어버린 오늘을 살아가는 현대인은 슬프다.

　옛날 농촌 마을에 들어서면 초가집 뒤뜰에 으레 서 있던 한두 그루 과실수, 배나무는 그렇게 서 있었다. 비록 집은 쓰러질 듯 초라

하건만 나무만은 왕성한 초록빛으로 오두막을 감싸듯 서 있던 배재울 속의 당당하던 배나무.

고단한 우리네 살림살이를 훤히 들여다보며 우리와 함께 살아온 삼간초옥의 정겹던 배나무들은 지금 다 어디로 간 것일까.

자연이 자연 그대로 있을 수 없고 옛것이 옛 그대로 있지 못하는 시대의 급격한 변천이 나를 그지없이 허허롭게 한다.

배밭 주인 할머니는 황해도 연백에서 6·25전란 때 어린 학생 신분으로 단신 월남하였다 한다. 할머니는 지금도 나이에 어울리지 않게 씩씩하고 사고(思考) 또한 매우 진취적이고 건강하다.

아들 오형제를 다 키워서 외지에 내보내고 지금은 막내아들만 데리고 노부부가 살고 있단다. 이들은 과수농 외에 깨농사, 고추농사에 비닐하우스까지 온갖 농사를 짓고 있었다. 노부부에게는 좀 힘겨워 보였다.

농법도 과학화되어 가는 시대에 그들도 뒤처지지 않게 빨리 개선된 과학농을 도입하여 힘든 일이 덜어졌으면 하는 마음이 간절하다.

농촌 길은 예나 지금이나 여전히 한산하다. 텅 빈 언덕길을 자전거 한 대가 올라온다. 할아버지가 커다란 맷돌을 싣고 온 것이다. 성큼 내려놓는 폼이 젊은이 못지않다.

할머니는 부산하게 돌아간다. 얼른 콩국수를 할 거라면서 한사코 나를 붙잡는다. 시간에 쫓긴 나는 결례를 무릅쓰고 일어날 수밖에 없었다.

바쁜 중에도 할머니는 쪽파를 한아름 뽑아 신문지에 싸가지고 버스 길까지 따라 나오셨다. 나는 쪽파 다발을 꽃다발인 양 가슴에 안고 또 오겠노라 손 흔들며 버스에 올랐다.

　차는 달리고 할머니는 조그맣게 서 있었다. 그 위에 붉은 노을이 찬연하다. 할머니도 노을도 슬프도록 아름답다. 그런데 나는 왜 눈물이 나는 것인가.

　일생을 일 밖에 아는 것이 없는 오직 땅만을 믿고 살아온 그분들의 삶이 고마워서일까.

　모두가 변하고 또 변해도 변하지 않는 인간의 정직한 삶과 아직 남아 있는 수더분한 정의 옛스러움이 이토록 눈물겨워지는 것은 내가 나도 모르는 사이에 사람으로서의 선함과 도리를 점차 잃어가고 있다는 죄책감 때문일 것이다.

　어느덧 마을은 시야에서 사라지고 황혼은 서서히 내려앉는다.

　앞으로도 할머니는 근면하게 농장을 영농해 나갈 것이다. 그리고 배꽃은 어김없이 필 것이다. 그때 나도 놓칠세라 부지런히 배꽃 무리를 보러 오리라.

그대 지금 어디쯤 가고 있는가

퍽 오래전의 일이다. 아마 그때가 이른 봄이었던 것 같다. 음산하게 흐린 날씨에 메마른 바람이 온 거리를 뒤흔들어 놓는 몹시 어수선하고 쌀쌀한 날씨였다. 그런 날에 바바리 차림의 키가 훌쩍 큰 처녀가 어둑한 복도를 지나가는 것이 유리창 너머로 언뜻 보였다. 내가 그를 처음 본 모습이다.

그는 그때 우리 직장에 처음으로 발령받고 오는 길이었다. 나이도 비슷한 또래인 우리는 자연스레 친해졌다.

그는 우리 또래로서는 보기 드물게 인형이 부드럽고 진중했다. 언제 어디서나 누구에게나 한결같이 정중하게 대하던 그의 사람됨이 그저 놀라울 뿐이었다. 어디까지나 덜 익은 땡감처럼 떫기만 한 푸릿푸릿한 시건방진 젊은이였던 내게 그는 한 차원 높은 격(格)의 선배처럼 생각되는 벗이었다. 그는 꾸준히 공부하고 있으면서도 결코 지식인인 양 하지 않는 수수한 자세와 남을 존중할 줄 아는 묵직하고 넉넉한 인품을 가지고 있었다. 그런 그가 나는 얼마나 좋았는지 모른다. 내가 갖추지 못한 인격을 그가 가지고 있었기에 나는 점점 그에게 경도(傾倒)되어 갔다.

1960~70년대는 우리나라가 후진 속에 허덕이던 때다. 사회 전반이 열악하기 그지없는 여건하에서 우리는 같이 어려운 사회생활을 꿋꿋이 영위해 가고 있었다. 그 시절 대부분의 여대생들은 대학을 무슨 결혼 조건쯤으로 여기는지 졸업만 하면 그대로 주저앉고 마는 것이 일반적인 풍조였다. 그는 그런 사회 풍조를 아주 혐오했다. 자연계를 전공한 그는 풍부한 감성으로 문학에도 깊은 애정을 가지고 있었다.

하루는 우리 직장에 책장사가 왔다. 그때는 책장사가 직장마다 찾아다니면서 책을 팔기도 했다. 무시로 드나드는 책장사 아저씨가 펼쳐 놓은 책 중에는 김동인의 단편집도 있었다. 우리는 금방 김동인의 〈배따라기〉를 얘기하기 시작했다. 마치 어디선가 한스러운 배따라기 가락이 들려오기라도 하는 듯 우리들의 이야기는 아련한 비애 속으로 빠져들어 갔다. 책장사 아저씨는 말없이 돌아가 버리고 우리들 이야기는 감회의 절정을 향해 치솟기만 했다.

우리가 만난 그해에 직장에서는 특별나게 멋진 크리스마스 파티를 열었는데 내 평생 그렇게 멋있고 재미있는 파티는 다시는 없었다. 파티가 끝나고도 우리의 격앙된 기분은 그대로 이어져서 그와 나는 집까지 걸어가기로 했다. 발목까지 빠지는 눈길을 광화문에서 신문로를 지나 이화여대 앞까지 걸으며 둘이는 얼마나 많은 이야기를 하였던가? 설이온 예술론까지 마구 토해내면서 뿌연 가로등 불빛에 눈발이 희끗희끗 나비처럼 춤추는 길을 우리는 걸어

갔다.

그 밤의 경건함이여! 고결함이여!

다음 다음 해 가을 그는 결혼하여 행복한 신부가 되었다. 그리고 얼마 안 되어 다른 근무처로 전근되어 떠나갔다. 뜻밖에 닥친 갑작스런 헤어짐은 견디어내기 힘들 정도로 내게 큰 충격을 주었다.

우리는 바쁜 중에도 어렵게 틈을 내어 만나곤 했는데 그가 세 아이의 엄마까지 된 후에는 거의 만날 기회를 갖지 못했다.

그는 딸 셋을 모두 훌륭히 길러낸 어머니로서 또 아내로서 며느리로서 그리고 직업인으로서 1인 3역, 4역의 역할을 해내느라 얼마나 힘겨웠을까?

그와 나는 서로의 생활이 바쁘다 보니 안부전화로만 연락하면서 지냈다. 그러던 어느 날 문득 이래서는 안 되겠다는 생각을 그와 내가 동시에 하게 된 것은 그것은 어떤 핏줄의 끌림과 같은 그런 것이었을까?

우리는 부랴부랴 모든 것을 떨치고 저물어 가는 그해 마지막 달에 만났다. 저녁을 같이하며 이런저런 이야기로 시간 가는 줄 모르다가 밤늦게야 허둥지둥 헤어졌다. 그런데 그 저녁이 마지막이 될 줄이야 어찌 알았으랴. 우리가 헤어진 후 반년 좀 지나 그는 세상을 뜨고 말았다. 이렇게 빨리 가려고 그리도 열심히 살았던가. 한때 그에게도 괴로운 시절이 있었다. 그때 그 쓸쓸해하던 모습까지 떠올라 내 가슴은 더 메어 온다.

그가 떠나간 이 액운의 해도 서서히 저물어 간다. 세모의 황량한 거리를 사람들은 저마다의 사연을 안고 총총히 가고 있다. 흘러가는 군상들을 바라보며 나는 지금 그와 만났던 그 자리에 다시 와

멍하니 서 있다. 허무 속에 서성이다 돌아서는 길, 가로등 불빛은 눈물에 젖어 일렁인다.

집에 와서도 나는 불도 켜지 않은 채 한참을 우두커니 앉아 있었다. 그런데 이게 웬일인가. 어둠 속 저쪽에 그가 뚜렷이 서 있는 것이 아닌가? 어머! 나는 깜짝 놀라 움찔 일어나려고 했다. 순간 그의 검은 환영(幻影)은 사라졌다.

대체 생명이란 무엇인가, 죽음 뒤에는 무엇이 있는가, 사람은 왜 이렇게 슬퍼야 하는가.

내가 고독하고 힘들었던 시절 그렇게도 감싸 주고 위로해 주고 힘이 되어 주던 그, 그는 내게 있어 일생에 하나 있을까 말까 한 귀한 벗이었다.

세태가 급변하여 요즘은 인간성을 논하기조차 서먹해지는 세상이다. 이 거칠은 세상에서 드물게 보는 한 사람의 참인간을 잃은 것을 나는 비통해한다.

이 해도 저물어 간다. 겨울이 깊어지면 그리고 눈 오는 밤이면 그때 그 신문로 길이 떠오른다. 은빛으로 반짝이던 눈발 사이로 열정을 쏟아내며 걸었던 우리의 사회 초년병 시절의 푸르렀던 그 길이 보인다.

밤은 점점 깊어 가고 사위가 어둠 속에 잠긴다. 죽음 또한 저 어둠 속 정적 같은 것인가. 눈길은 저 멀리 뻗어 있는데 굳게 침묵하고 있는 나의 벗.

그대는 지금 저세상 어디쯤 가고 있는가.

캄캄한 이 밤 눈이라도 펑펑 내려다오.

어느 한 권의 책

해방 직후 우리는 책을 읽고 싶어도 책이 귀했다. 여학교 때 어쩌다 책 한 권이 나타나면 너도 나도 빌려 보려고 법석을 떨었다.

6·25전쟁이 나기 1년 반쯤 전부터 나는 인천에서 살면서 서울로 기차 통학을 하고 있었는데 그때의 경인철로변은 야트막한 구릉과 끝없이 이어지는 논밭으로 아름다운 전원 풍경을 이루고 있었다.

소사(지금의 부천)는 봄이면 그 일대의 언덕 위며 아래며 만발한 복숭아꽃으로 꽃동산을 이루었다. 백로가 노닐고 있는 한가로운 논밭 사이로 기차는 바람을 날리며 상쾌하게 달리고 있었다.

주안역이 가까워지면서 펼쳐지는 염전(鹽田) 또한 얼마나 넓었던지 하얀 소금산이 피라미드처럼 군데군데 솟아 있었고 노을 진 석양을 받으며 홀로 높이 올라서서 물레를 돌리고 있는 사람의 모습은 애조 띤 광경이었다. 염전은 늘 물기가 있어서 어른어른 하늘이 비치기도 하였다. 어둠이 찾아드는 저녁 무렵의 텅 빈 염전에는 석양의 노을처럼 슬픈 아름다움이 흐르고 있었다.

인천역에 도착할 즘이면 하늘은 더 넓게 트이기 시작하고 어딘가 갯바람이 부는 것 같은 느낌을 준다.

우리 집은 만국공원(지금의 자유공원)을 뒤로한 조금 올라가는 언덕에 있었다. 언덕길에 접어들면 바다가 저 아래로 보였다. 호수같이 잔잔한 만조의 바다는 연한 옥색 빛을 띠우면서 햇빛에 반짝이고 있었고 파아란 하늘에는 노을이 황금빛으로 잦아들고 있었다. 나는 순간 숨을 들이쉰다. 그리고 망연히 서서 바라본다. 언덕 위의 집은 예쁜 양옥이었고 우리는 그 2층에서 살았다. 창을 열면 거리가 한눈에 들어온다. 한쪽 옆으로 베란다가 있었고 베란다에서는 동회(동사무소) 건물의 지붕과 마당이 내려다보였다. 동회 아래로는 넓은 차도가 옆으로 길게 뻗어 있었다.

어느 날 밤새껏 우르릉우르릉 요란하게 지축을 울리며 인민군 탱크가 이 길로 들어왔다. 이어 무더운 여름도 닥쳐왔다. 갑자기 뒤바뀐 세상 속에서 무섭고 숨 막히는 생활은 계속되었다. 공포와 더위에 질려 버렸는지 거리에는 사람이 별로 보이지 않았다. 찌는 듯한 더위 속에 내려쬐이는 햇빛만이 지붕에 반사하여 눈이 부셨다. 동회에 걸려 있는 멋없이 기다랗고 우중충한 인공기도 더위에 축 늘어졌다.

그날도 나는 베란다에 나가 턱을 받치고 엎드려 무료히 거리를 내려다보고 있었다. 멀리 거리 복판에 일자로 된 빨간 벽돌 건물 한 채가 눈에 들어왔다. 건물 앞에 있는 넓은 운동장 같은 공터에도 햇빛이 뜨겁게 쏟아지고 있었다. 한참을 정적 속에 있던 그 건물 왼쪽에서 한 사나이가 탁 튀어나왔다. 사나이는 필사적으로 건물 앞으로 달려갔다. 곧이어 또 한 사나이가 튀어나왔다. 그도 필사적으로 앞에 달려가는 사나이를 쫓고 있었다. 앞의 사나이는 건물 오른쪽을 돌아 뒤로 사라졌고 뒤의 사나이도 따라 들어갔다. 그리고는 탕 단발의 총성이 들렸다. 거리는 여전히 침묵 속에 있다.

밤이 깊어지면 동회 앞은 자동차 소리가 요란하다. 트럭에 가득 포승에 묶인 사람들을 싣고 와서는 금방 또 어디론가 싣고 가곤 했다. 해가 아직 하늘에 뉘엿이 걸려 있는 느지막한 어느 날 오후 길에는 포승줄에 묶인 사람들이 길게 줄지어 가고 있었다. 그 뒤로 한 열 살쯤 되어 보이는 사내아이가 달려가고 있었다.

"우리 아버지는 죄 없어요. 죄 없어요." 목이 빠지게 울부짖으면서….

하루는 이른 새벽 동회 마당에서 웅성거리는 소리가 들리면서 동네 골목이 술렁거렸다. 또 무슨 일인가 베란다에 나가 내려다보니 뜻밖에도 한동네에 사는 남학생이 꿇어앉아 와들와들 떨고 있지 않은가. 그의 얼굴은 백지장 같았다. 그날 이후 나는 그를 다시는 보지 못했다. 그는 학생 신분으로 무슨 그리 큰 죄를 지었겠는가. 세상이 온통 광기로 가득차 있었다.

무더운 그해 여름은 어찌 그리 길던지 우리는 모두 버려진 아이처럼 구원의 손길을 애타게 기다리고 있었다. 그러던 어느 날 맑고 푸른 하늘에 비행기 한 대가 날아왔다. 비행기는 아득히 높은 고공을 유유히 날더니 사라졌다. 그 후로 비행기는 매일 날아왔고 뒤의 산꼭대기에 있는 기상대(氣象臺)에서는 뒤늦게야 경계 사이렌이 앵—앵 그것도 손으로 돌리는 사이렌인지 힘겨운 소리로 겨우겨우 이어지며 계속 울려 왔다. 비행기 오는 횟수는 점점 잦아졌고 대공포는 맞지도 않을 포를 쏘아 댔다. 사람들은 코웃음을 쳤다. 그렇게 며칠이 지나더니 이번에는 수십 대의 비행기가 일시에 날아왔다. 편대를 이룬 비행기는 가차 없이 맹폭을 감행하기 시작했다. 유류 탱크가 폭파하여 불기둥이 솟아오르고 시커먼 연기는 구름처럼 하늘을 뒤덮었다. 해는 완전히 가려졌고 삽시간에 천지가 암흑으로 변했다. 어디서 날아왔는지 새 떼들이 방향을 잃고 캄캄한 하늘 아래 미친 듯이 날고 기상대에서는 숨 가쁘게 사이렌이 울리면서 따따따 고사포가 불을 뿜어 댔다. 비행기는 기총소사를 난사하고 지나간다. 사람들은 모두 지하실로 대피했다. 아래층 언니와 나도 신 나게 구경하다가 지하실로 급히 뛰어들어 갔다. 순간 우리들 등 뒤에서 뼁 하는 총소리가 귀청을 때렸다. 나중에 보니 우리가 들어온 문기둥에서 불과 두 뼘도 안 되는 옆의 벽을 총알이 뚫고 지나간 것이다. 실로 두 뼘도 안 되는 거리가 사람의 생사를 결정지은 운명의 순간이었다.

  작렬하는 폭음과 진동하며 무너지는 굉음, 우리를 향해 돌진해 오는 것 같은 비행기 소리, 간단없이 퍼붓는 폭격에 우리는 진땀이 났다.

  폭격이 있은 지 보름쯤 지났을까. 인천에는 그해 9월 15일 있을 상륙 작전을 예고하는 전단이 뿌려졌다. 우리가 피난 간 김포 들녘은 곡식이 풍요롭게 익어 가고 있었다. 드디어 인천 상륙 작전은 시작되었고 함포 사격의 거대한 포성은 김포에서도 들렸다. 쿵-쿵- 멀리서 들려오는 둔중한 포(砲) 소리에 우리는 잠을 설쳤다. 인천쪽 하늘에서 솟아오르는 연기는 낮에도 보였고 밤이면 그쪽 하늘 전체가 불빛으로 환했다. 창공을 향해 번쩍번쩍 날카로운 섬광이 쉴 새 없이 번득였다. 별이 반짝이는 밤하늘에 타오르는 불빛과 섬광들 그리고 은은히 들려오는 포성은 웅장한 그러나 잔인한 전쟁의 비극적 광경이었다. 그것은 전쟁하는 나라의 처참한 모습들이 숨 가쁘게 돌아가는 순간이었다.

인천은 그때 불타고 있었다.

나는 전투기 편대가 멀리 어떤 산과 산 사이의 골짜기를 내리꽂으며 폭격하고는 동체를 뒤집으며 제비처럼 사뿐히 날아오르는 것을 처연한 마음으로 넋 놓고 바라보기도 했다.

국군과 UN군은 북으로 북으로 진격해 갔다. 신문은 매일매일 승전보를 울리고 우리는 승리감에 들떴다. 그러던 것이 겨울이 깊어지면서 미적미적하더니 끝내 밀리기 시작했다. 또다시 길에는 피난의 행렬이 줄을 이었다. 우리는 배로 가기로 하고 우선 인천역 근처에 있는 고향 분의 집으로 옮겼다. 주인이 떠나간 집은 썰렁했다. 벽에는 의용군인가 뭔가로 나간 그 집 외아들의 옷이 그대로 걸려 있었고 방 윗목에는 아들의 낡은 책상이 덩그러니 놓여 있었다. 전에 두어 번 본 일이 있는 그 집 아들은 어딘가 활달하지 못하고 우울해 보이는 그러면서도 선한 모습의 청년이었다. 나는 호기심 어린 눈으로 그의 책상에 다가갔다. 책상에는 주인 잃은 책들이 몇 권 엉성하게 꽂혀 있었다. 그중에서 한 권을 뽑았다. 일본책 『쿠니키다 독보집[國本田獨步集]』이었다.

소설가이며 시인인 그의 빼어난 문장에 나는 그만 매료되고 말았다. 책 주인에게 미안함을 금치 못하면서 그 책을 내 책가방 속에 집어넣었다. 눈발마저 휘날리는 부두는 인산인해였고 미국 수

송선인 듯한 큰 배는 사람으로 뒤덮였다. 그때 듣기로는 승선 인원이 천오백 명이 넘는다고 했다. 우리는 선상에 자리 잡고 이불을 뒤집어썼다. 이불 속에서 정신없이 읽은 그 책의 문장은 말할 수 없는 애수를 느끼게 했고 책에 나오는 바다며 모래 언덕은 꼭 북에 두고 온 우리 고향을 닮았다. 나는 책 속에서 고향을 보았다. 그리운 고향, 점점 멀어져만 가는 고향, 격동하는 시대에 나는 그만 말을 잃었다.

닥쳐오는 긴박한 상황과 책이 주는 감동이 뒤범벅이 되어 내 가슴속에서는 뜨거운 격정이 치솟아 올랐다. 바닷바람에 내 머리카락은 사정없이 날리고 추위는 살을 에는 듯하건만 나는 아랑곳하지 않았다. 배 난간에 기대어 서서 혹한의 밤바다를 바라보며 한없는 상념에 젖어 있었다. 전함 한 척이 흰 파도를 일으키며 북으로 항진하고 있었다.

1951년 1월의 서해에는 전운(戰雲)이 짙게 드리워져 있었다. 배는 여수항에 잠깐 기항하고는 곧바로 부산으로 향했다. 바다에는 겨울임에도 새싹이 돋은 듯한 푸른 섬들이 꿈꾸는 듯 떠 있었다.

전화(戰禍) 속에서도 섬들은 그지없이 평화로워 보인다.

아! 아름다운 우리의 산하여! 나는 눈물이 핑 돌았다.

새벽의 부산항은 안개가 자욱했고 항구에는 뱃고동을 길게 울리며 각양각색의 함정들이 정박하고 있었다. 내게 부산은 머나먼 이국땅처럼 느껴졌다. 해가 훨씬 솟은 아침나절에야 우리들의 하선은 시작되었다. 배 측면에 그물이 내려졌고 우리는 상륙 작전하는 해병처럼 그물을 타고 작은 배에 옮겨 탔다.

부산에서 1년쯤 지났을 무렵 살아서 상봉하게 된 외숙부님께 나는 너무나 기뻐서 아끼고 아끼던 그 책을 드렸다.

 수복하여 서울에서 다시 만났을 때 그 책은 어찌된 일인지 보이지 않았다.

 수복 직후 서울의 청계천과 동대문 쪽에는 책방이 많았고 책방마다 헌책들이 산더미처럼 쌓여 있었다. 어떤 책들은 가마니에 그대로 담겨져 있기도 했다. 어쩌다 동대문시장에 가게 되면 고(古)서점부터 들러서 찾아보았지만 안타깝게도 쿠니키다의 책은 좀처럼 눈에 띄지 않았다.

 그 후 몇 년이 지난 그해도 다 저물어 가는 초겨울 어느 날 나는 광화문에 있는 일본 서적만을 취급하는 서점에서 고단샤[講談社] 간행의 『쿠니키다 작품집』을 만날 수 있었다. 우아한 장정과 좋은 지질, 정감 어린 작가의 사진들을 보면서 얼마나 반가웠던지 그때 그 기분은 지금도 잊혀지지 않는다.

 세상에는 꼭 읽어야 할 훌륭한 책들이 많다. 인생의 지표가 되는 귀중한 책들도 많이 있다. 그러나 일생 사랑하는 책은 그리 흔치가 않다. 마치 사랑할 수 있는 사람이 드문 것처럼 말이다.

 작가 쿠니키다는 일본 문단에 있어 낭만주의에서 자연주의에로 전환하는 과도기에 중요한 역할을 한 신진 작가로 그의 작 〈무사시노[武藏野]〉에서는 아름다운 자연 속에서의 삶을 구가한다. 그 구도자적 자세가 내게는 숭고한 철학자를 연상케 했다. 시인이기도 한 그의 작품은 아름답고 슬프다.

 나는 지금도 그의 작품을 읽으면 그때 그 소녀, 정갈한 그 문학소녀로 돌아간다. 그리고 그 어떤 문학적 영감에 가슴이 뜨거워진다. 때로 삶이 몹시 서글퍼질 때 또 못 견디게 고향에 가고 싶어지면 나는 이 책을 읽으며 향수를 달랜다. 그리운 사람이 생각날 때도 이 책은 나에게 위안이 된다.

6·25전란! 실로 무서운 역사 시대였다. 악랄한 전쟁 어디로 끌려갔을지 모를 그 젊은 청년이 남기고 간 한 권의 책이 이렇게 내 생에 깊은 영향을 줄 줄은 몰랐다.

이 하늘 아래 어딘가에 살고 있을지 모를 그 청년(지금은 노경에 이르렀겠지만)의 행운을 빌 뿐이다.

정을 주던 역(驛)

　기차에서 내리는 손님은 많아야 여남은 명에 불과하다. 어떤 때는 한두 명에 끝일 때도 있다. 이렇게 이 역은 늘 한산한 작은 역이다.
　역에 내리면 검은 제복의 늙수그레한 역무원이 역 개찰대에 비스듬히 기대어 서서 뚱한 표정으로 손님들의 차표를 받는다.
　나는 한번도 그가 바른 자세로 서 있는 모습을 보지 못했다.
　참으로 나태해 보이는 역무원이다.
　역외 대합실은 특이하게도 팔각형으로 되어 있다. 작은 공간에 천장만은 희한하게 높다. 마치 고딕 건물의 천장 같다.
　그 높은 천장에 가느다란 형광등 하나가 바짝 붙어 있다. 가뜩이나 약한 조명은 터무니없는 그 높이 때문에 푸르스름한 빛을 가까스로 비치고 있다.
　각(角)이 진 벽을 따라 긴 나무의자 세 개가 놓여 있다.

허연 벽에는 넓적한 테두리에 끼어 있는 커다란 거울이 붙어 있고 그 옆에는 후줄그레한 달력이 붙어 있다. 한쪽 벽에는 둥그런 시계가 붙어 있다. 개찰하는 쪽 구석에 작은 연탄난로가 있는데 난로의 열기는 항상 사람의 콧김만도 못하건만 그럼에도 사람 두셋이 난롯가에서 서성인다.

역의 주변 또한 대단히 낙후되어 있다.

철길 건너 저쪽은 공장의 녹슨 양철지붕들이 쓰러져 가는 폐가처럼 너덜너덜 이어져 있고 철길 이쪽도 형편은 이에 못지않다.

주택들의 꾀죄죄한 슬레이트 지붕들이 퍼렇게 이끼 낀 블럭담에 걸쳐져 있다.

퇴락하기 그지없는 역 주변이다.

사무실 안에는 역무원 아저씨가 혼자 책상에 엎드려 무언가 쓰고 있다.

손님이 큰 소리로 말을 건네면 그제야 돋보기를 벗으며 몸을 틀어 의자를 돌린다. 그의 얼굴은 항상 어둡다. 짐작건대 정년이 멀지 않은 듯하다. 창구 저쪽이 무뚝뚝하니 창구 이쪽도 덩달아 무뚝뚝해진다. 기강은 느슨하고 분위기는 썰렁하다.

조화를 잃은 높기만 한 천장에 어둑한 조명, 있으나마나 한 난로, 역무원의 느린 움직임. 이들이 제각기 한 몫씩 거들어 역 대합실의 모습은 그야말로 애처롭기까지 하다.

추위 또한 강원도 어느 산골짜기에 못지않다.

이 역사(驛舍)는 6·25전란 직후의 빈곤하던 시절을 아프게 떠올리게 한다.

역은 눈발이 날리는 겨울날이나 비 오는 여름날이나 춘하추동

한결같은 그 모양 그 꼴로 변할 줄 모른다.

어느 해 여름의 일이다. 소요산 자재암에 올랐다 내려오는 길이었다. 기차 시간이 10분밖에 남지 않았다. 다급해진 나는 마구 뛰기 시작했다. 산행은 다 내려와서 사고 난다더니 나는 평탄한 보도에서 발이 걸리면서 마음 놓고 넘어졌다.

가까스로 일어나 절뚝거리면서 역에 도착하니 기차는 떠난 지 오래고 역은 텅 비어 있었다. 창구 안에서 예의 아저씨가 멀뚱히 내다본다.

"거 많이 다쳤구려." 한마디함직도 한데 도무지 오불관언이다.

사람과 사람 사이가 완전히 단절된 상태다.

그로부터 얼마 후 여름도 중반을 넘어가는 무렵이었다. 그날도 나는 소요산을 향해 기차를 탔다. 그런데 이게 웬일인가? 역에 내리니 뜻밖에도 개찰구 쪽에는 날씬한 청년이 서서 표를 받는다. 창구 안에는 부드러운 표정의 아저씨가 차표를 발급하고 있었다. 그 옆에는 통통한 인상 좋은 부인이 일을 돕고 있다. 역의 대합실은 깨끗이 정돈되고 한쪽에는 산자락에서 길어 온 생수까지 준비되어 있다.

드디어 역에는 신선한 변화의 바람이 인 것이다. 50대로 보이는 아저씨는 "어서 오세요." 일일이 인사를 건네며 손님들의 차표를 받기도 한다. 그의 친절은 한결같았다.

추석 연휴가 끝나가는 날 소요산에는 비가 내리고 있었다. 빗줄기는 거세다. 소요산은 빗속에 짙은 향기를 강하게 뿜어낸다.

이 골 저 골에서 물은 작은 폭포가 되어 흘러간다. 물은 계곡으로 모여 들어 '콸콸콸' 물소리 높아지고 물살은 빠르다.

소요산 계곡은 비로소 계곡다워진다.
소요산은 그 산길에 들어서면 산 전체에서 한랭한 정기(精氣)가 흐르는 것을 나는 느낀다. 돌이 많은 소요산은 봉우리 봉우리가 옹골차게 영글은 기암이다. 소요산의 단풍 또한 아름다워 한때는 작은 금강이라는 애칭도 받았었다.
그러나 소요산은 공원으로 변신하면서 그 깊은 비경의 신비감을 잃고 말았다.
하지만 지금도 그 어떤 함부로 넘볼 수 없는 다부진 기개만은 고고히 간직하고 있는 산이다.
그 고고함은 나도 모르게 나를 곧추세우게 한다. 그리고 겸허히 나를 돌아보게 된다.
나는 하산길에 계곡가에 앉아 몇 줄의 글을 썼다.
작품으로 마무리할 작정이다. 글쓰기를 중단하고 몇년이 지나갔다. 이제는 마음을 다잡고 정신을 추스리려고 한다. 우거진 나뭇가지 사이로 구름 덮인 하늘이 보인다.
비는 가늘어지고 산길은 푸르고 고요하다.
역에 도착하니 사람들로 만원이다. 차표를 끊고 돌아서는데 아저씨께서 차를 마시고 가란다. 그러고 보니 저쪽 난로 위에서 계피차가 끓고 있었다. 사람들이 모두 환한 얼굴로 차를 마시고 있다.
으스스한 날씨에 따뜻한 차라니 참으로 반가웠다. 계피차는 내 몸과 마음을 한꺼번에 녹인다. 그날 이후 역에는 설탕을 들고 오는 사람에 커피를 사들고 오는 사람 등 모두가 다정한 이웃이 되어 가고 있었다.
그렇게도 을씨년스럽고 가난했던, 그래서 메마르기만 했던 그

역은 계피향이 감도는 훈훈한 정이 오가는 역으로 변모해 갔다.

작은 마음씀에도 진정이 들어가 있을 때 사람들은 마음을 활짝 열게 된다. 이렇게 말하는 나는 마음씀이 너그러웠던가?

아니다. 나는 아직도 자기의 큰 잘못보다는 타인의 작은 잘못을 더 크게 보는 옹졸한 속물이다. 나는 그때 느리게 움직이는 역무원 아저씨를 철도원으로서 기강이 서 있지 않다고 속으로 늘 못마땅해했다.

그러나 다시 생각해 보면 그때 그는 몸이 불편했을 수도 있는 것이 아닌가. 혼자 근무할 때는 힘도 들었을 것이다. 어려웠던 그 시절 더구나 작은 역이어서 환경은 더욱 열악했고 그런 곳에서 일하다 보니 표정은 자연히 어두워지고 뚱해질 수밖에 없었을 것이다. 그런 그를 나는 이해하려는 마음조차 갖지 않았던 것이다.

환경은 사람을 귀하게도 만들고 그렇지 못하게도 만든다.

예나 지금이나 사람을 귀히 여길 줄 모르는 사회적 제도나 풍토는 사회 전반에 여전히 남아 있다.

사람이 사람으로서 살아가는 그런 선진국으로 가는 길은 아직도 요원하기만 하다.

소요산역은 그로부터 15~6년이 흐른 지금 현대식으로 신축되었고 인천까지 연결된 전철로 인하여 주말이면 하루 15,000여 명이 북적대는 번화한 역이 되었다.

서럽도록 궁핍했던 그 시절 온 가족이 모두 나와 한마음으로 정을 베풀던 그분들의 자취는 지금 어디에서도 찾을 수 없지만, 그 시절 소요산을 찾던 사람들의 마음속에는 따뜻한 계피향이 아직도 감돌고 있을 것이다.

제4부

내 살아가는 의미

슬픈 전시회

전시회장은 2층부터 관람하게 되어 있었다.

2층에 올라가니 계단 한쪽 벽에 사진이 꽉 차게 걸려 있었다. 박수근 화백의 대형 가족사진이다. 이 사진은 우리들을 단번에 1950~60년대로 이끌어 간다. 맨발의 화백과 그를 둘러싼 가족들이 좁은 대청마루에서 찍은 흑백 사진은 관람객으로 하여금 향수를 일으키게 한다.

전시되어 있는 30여 점의 그림들은 대부분 나무들과 여인을 그렸다. 잎 하나 없는 나무 아래 아낙이 희니 머리에 무엇인가 이고 바삐 가고 있다. 또 다른 아낙이 아기를 업고 서서 가는 그 아낙을 바라보고 있다. 이야기가 있는 이 그림들은 모두 우리들을 그린 것이다. 아낙들이 펑퍼짐하게 모여 앉아 무슨 이야기인지 수다를 떨고 있다. 어쩌면 그렇게도 펑퍼짐할까? 냇가에서 빨래를 하는 아낙들도 펑퍼짐하다. 길에 나와 있는 사람들이나 어린아이 업고

서 있는 계집아이나 다 순덕이 같이 어리숙해 보인다. 그렇다. 그때 사람들은 다 순덕이 같았다. 어리숙하고 착했다. 그리고 편안했다.

그림은 골목이나 길가, 나무 아래 또는 시냇가의 풍경이다. 그때 사람들은 대부분 여름에는 골목 어귀나 길에서 보냈다. 집은 비좁고 더우니까 저녁을 일찌감치 먹고는 골목길로 나섰다. 거기에는 시원한 바람이 불고 지나가니까 너 나 없이 길로 나섰다. 보잘것없는 저녁 식사를 마치고는 깔 것을 적당히 마련해 가지고 어슬렁어슬렁 길로 나서는 것이다. 그때 모여 앉아서는 어떤 이야기들을 하였던가. 적어도 남을 심하게 헐뜯는 이야기는 없었던 것 같다. 사람들의 살림살이는 모두 비슷했고 입은 옷도 비슷했다. 광목이나 뽀뿌링, 인조견 따위로 디자인이랄 것도 없는 것을 입었다기보다 걸치고 다녔다. 사람들은 딱히 무엇을 하겠다든가 무엇이 되겠다든가 하는 현재나 미래에 대한 계획도 없이 그저 덤덤히 살고 있었다.

그 시절은 살기조차 힘든 시절이라 계획이 있다 한들 계획을 세울 수 없는 상황이었으니까. 따라서 별로 바쁠 것도 없고 불만도 없었고 그리고 부러운 것도 별로 없이 그날 그날을 살아갔다. 그러면서도 이상하게 미래에 대한 불안감도 별로 느끼지 못했던 것 같다. 말은 지금보다 느릿느릿했고 억양도 모나지 않았다. 그래서 이야기는 정감(情感)이 담겨 있었다.

그때 사람들은 유장한 맛이 있었다. 밤이 깊어 가고 사람들은 묵묵히 앉아 있다. 별들이 쏟아질 듯한 까만 하늘에 유성이라두 흐르면 아이들이나 어른들이나 그것을 쳐다보며 소리를 쳤다. 지금

같아서는 인공위성이 떠다니니 감흥도 없을 것이다. 또 유성도 볼 수가 없다. 하늘이 흐려서인지 아니면 유성이 없는 것인지 알 수 없다.

그 시절은 이웃끼리 서로 도우며 서로 위로하며 진심으로 사랑하며 살았다. 아마도 너무 엄청난 전쟁을 겪어서 사람들이 착해진 것일까? 요즘의 일부 사람들의 봉사와는 성격이 다르다. 1950년대, 60년대는 가난한 속에서도 인정이 넘쳐흐르는 그런 연대였다.

전시회는 순수했던 그 시절을 회상시켜 주고 마음 깊이 따뜻해짐을 느끼게 해주었다. 그리고 아련한 슬픔도 함께 주었다. 안내원의 말에 의하면 전시회를 보면서 눈물 흘린 어머니들이 있었다고 한다. 사람의 마음은 다 같은 것인가.

전시장을 나와 수많은 사람들이 오가는 광화문을 걸어가면서도 나는 마음이 자꾸만 슬퍼지는 것은 무슨 탓일까.

운보 찻집

　나는 지금 운보 김기창 화백의 그림을 바라보면서 차를 마시고 있다. 천안 버스터미널 근처에 있는 '운보 찻집'에 우연히 들러 이렇게 뜻밖의 행운을 만난 것이다.
　요즈음은 하도 가짜가 판치는 세상이라 여기도 단지 이름만 따온 흔히 있는 그런 다방 중의 하나이겠지 반신반의하면서 그저 잠시 쉬었다 가려는 무덤덤한 마음으로 들어왔는데 찻집은 예상 밖으로 품위 있는 분위기였다.
　한눈에 알아볼 수 있는 운보 화백의 그림 두세 점이 공간을 장식하고 있는 것에 우선 놀랐다. 나는 마치 큰 횡재라도 한 듯한 기분이다.
　세상사가 각박하고 인심은 메마를 대로 메말라 사람들은 어디에서도 좀처럼 푸근한 흡족함을 얻지 못한다. 모신 세파에 시달리며 살기에 고달프고 지치다보니 눈앞에 일에만 매달리게 된다.

어느 하세월에 문화니 예술이니 논해 보기라도 하겠는가.

그저 그날그날의 생활에만 급급해 지금 자기가 어디로 가고 있는지조차 생각할 겨를이 없다. 오늘 나도 그러한 군상 중의 하나로 코앞의 실속만 생각하면서 부지런히 집을 나와 천안행 열차를 탔다.

어디 좀 시원하게 넓은 터에 살기도 편하고 투자가치도 확실한 그런 집은 없을까 하는 투기꾼 같은 계산도 하면서 이곳저곳 계획도 없이 천안골을 돌아다니다 서울로 돌아가는 길에 이곳에 들르게 된 것이다.

찻집은 젊은이들의 열기로 후끈 뜨겁다. 대형의 탁자에는 커다란 그린색 메뉴판이 놓여 있는데 거기에는 '천안의 젊은이에게'로 시작되는 운보 화백의 다정한 메시지가 적혀 있다.

묵직한 운보 화백의 모습을 담은 흑백 사진도 퍽 인상적이다.

똑같은 포즈로 두 점이 걸려 있는데 중앙의 기둥에 걸린 사진은 백(白)이 주조(主調)를 이루고 있다. 안쪽으로 좀 더 들어간 곳에서 그의 독특한 남성미를 드러내고 있는 것은 흑(黑)이 주조다.

서로 상반된 조도(照度)로 영상을 잡고 있는 두 사진은 각각 특이한 개성으로 영상미를 표출해 내고 있다. 찬란한 빛살이 난사하듯 화가의 주위에 흘러들어 와 부서지고 있다.

명암(明暗)의 음영(陰影)은 화가의 모습을 돈후(敦厚)하게 돋우면서 고도의 개성미로 응집시켜 놓았다. 그 어떤 응축된 예술가적 혼이 감지되는 이 사진은 흑백 사진의 진수가 한껏 발현된 걸작이다.

낭랑한 웃음소리라도 들려올 것 같은 저 기쁨으로 가득찬 듯한 그림은 운보 화백이 시집가는 날을 그린 것이다.

아마도 그의 청록산수화 중의 하나인 것 같다. 귀엽고 사랑스런 아득히 먼 옛날의 그리운 이야기가 그림 속에서 소곤대고 있다. 어린 시절을 회상하며 평화롭던 그때로 돌아가고픈 화백의 마음이 담뿍 들어 있는 그림이다.

동일한 시대 상황 하에서 비슷한 사건들을 겪으며 살아온 동시대인들은 그 동질성으로 인하여 서로가 끈끈한 혈육 같은 상련(相憐)의 정을 갖게 된다.

격동의 역사 속을 헤쳐 나온 같은 시대 사람으로 김기창 화백은 불굴의 강인한 정신력과 강렬한 예술가적 투혼으로 우리 시대의 자랑이자 희망이고 우리들 삶의 귀감이시다.

미술이나 음악이나 문학 같은 그 모든 예술적 형태는 우리에게 인간으로서의 가치, 즉 인간으로서의 참맛을 일깨워 준다.

위대한 예술은 사람을 감동시키며 우리의 정신은 그로 인하여 고매하게 승화되기도 한다. 생명의 불꽃 같은 그 예술의 순수성은 우리 인간을 인간 본연의 자세로 되돌려 놓기도 한다.

사는 것에만 매달려 온 나는 얼마나 긴 시간을 이들과 동떨어져 살았는가. 저 눈부신 2, 30대의 열정의 시기는 내게도 있었다.

해마다 봄이 되면 도하의 신문마다 열어 놓는 신춘문예는 나를 얼마나 들뜨게 하였던가. 화려하게 펼쳐지는 당선작들을 보며 부러움은 서서히 아픔으로 번져 가기도 했다.

문학을 아끼고 사랑하고 끊임없이 동경하면서도 도저히 다가설 수 없는 어찌해 볼 수 없는 자신의 무능과 무력함에 나는 깊은 자괴감에 빠지기도 했다.

6·25전란 후의 그 시절은 참으로 어려운 암담한 시기였다. 거기

에 재능도 뛰어나지 못하고 특출한 아무것도 없는 나는 거저 먼발치에서 바라볼 뿐이었다. 문재(文才)도 학문도 깊지 못하고 더욱이 인간으로서의 성숙함도 부족한 내게 문학은 한낱 꿈일 따름이었다. 마음은 황폐해 가기만 했다. 속으로 속으로만 기어들어 가는 달팽이처럼 나는 안으로만 움츠러들어 오로지 책 읽는 일에만 몰두할 뿐이었다. 시간은 지나갔고 속절없이 세월과 함께 나도 총총히 흘러갔다.

어느 사이엔가 나는 꿈조차 잃어버린 지극히 현실적인 약삭빠른 살림꾼으로 변해 있었다.

문학은 아무런 흔적도 남기지 않은 채 내 곁을 멀리 떠나갔고 그리고 나는 아주 무책임하게 나를 방기(放棄)하고 있었다.

운명이란 참 묘한 곳에서 불쑥 탄생한다.

우리의 스승님은 그렇게 운명처럼 우리들 앞에 나타나셨다. '우째 이런 일이' 우리들은 스승님과의 만남을 이렇게 절묘하게 표현하는 한마디로 대신하며 늘 고마워했다.

현란한 물질만능의 시대에 오로지 고독한 문학에의 외길을 걸어오신 원로학자의 그 문학으로의 열정은 나를 깊은 감동의 심연으로 몰아간다. 열과 성을 다하는 스승님의 열강을 접하면서 나는 비로소 내게 있어 참행복이 무엇인가를 분명히 깨닫게 되었다.

무언가 모를 허전함으로 늘 마음이 무거웠던 나다. 그런 내게 스승님은 문학으로의 길을 다시 일깨워 주셨다.

오랜 방황 끝에 돌아온 고향집 같은 문학은 사랑하는 연인처럼 내게 다가와 가슴속 저 깊은 곳에 잠자고 있던 순정을 흔들어 깨우고 있었다.

'운보 찻집'은 그 글쓰기의 첫 시도이다. 찻집의 분위기는 문학으로의 향수를 불러일으켰고 나는 글 쓰고 싶은 강한 욕망으로 가슴이 벅차올랐다.

그래 용기를 내어 써보자 아니 꼭 써내고 말 것이다.

어떤 귀소본능 같은 회귀성으로 나는 드디어 그리운 내 문향(文鄕)으로 돌아가고 있었다. 그것은 설익고 어설픈, 그러나 잃었던 나를 되찾으려는 비장한 출범이었다.

찻집을 나서니 작은 앞뜰에는 조각상 몇 점이 다소곳이 서 있었다. 들어갈 때 미처 보지 못하고 지나쳤던 것들이다. 대체 어찌된 일일까. 마음을 잃으면 보고도 보지 못하는 것인가?

아직 봄은 이른데 찻집은 유정하고 천안 고을의 하늘은 맑고 푸르다. 공기 또한 싸늘하니 청정하기만 하다.

북한산 골짜기에 울려 퍼진 폭소

골짜기는 꽤 넓고 길었다.

지난해 여름, 비 오는 날 쏟아지는 비를 맞으며 나는 이 북한산 계곡을 찾아온 일이 있었다. 계곡은 짙푸른 녹음으로 덮여 있고, 그 녹음 아래로 계곡물은 소리치며 흐르고 있었다. 나무와 숲은 지열(地熱)을 받아 푸르름으로 일렁이었다. 거세어진 빗줄기가 뿜어내는 비안개에 골짜기는 자욱한 운무(雲霧) 속으로 잠겨 들었다. 붉은 난간의 나무다리도 운무 속에 떠 있는 듯 걸려 있다. 산 속은 빗소리와 물소리만 청량하게 울려 퍼진다.

골짜기는 신비롭고 그윽한 동양화의 풍경처럼 고아(高雅)하고 운치 있었다. 비는 내리고 빗속에 살아 숨 쉬는 계곡은 또 다른 생명으로 숨 쉬고 있었다.

이 가을에 다시 찾은 그 계곡은 그때의 그 계곡이 아니었다.

언제 그런 일이 있었던가 싶게 거짓말처럼 물은 마를 대로 말라 있고 물살에 물보라를 날리며 쉼 없이 씻기고 있던 바위들은 이끼조차 없이 맨몸을 드러내고 있다. 단풍마저 다 떨어져 버린 메마른 골짜기는 늦가을의 쓸쓸함을 더해 준다.

같이 갔던 친구와 나는 허전한 마음이 되어 도무지 흥이 나지 않았다. 발밑에서는 흙먼지가 풀썩풀썩 일고 발걸음은 무겁기만 하다. 얼마쯤 오르다보니 길이 양쪽으로 갈라진다. 한쪽은 산 정상으로 가는 길이고 한쪽은 승가사(寺)로 가는 길이다.

우리는 승가사를 향해 왼쪽으로 꺾었다. 길은 막바지에 이르러 갑자기 가팔라졌고 이마에는 땀이 솟는다.

심산유곡은 바로 여기를 일컬음인가? 승가사는 그런 곳에 있었다. 수많은 산봉우리가 저만치 내려다보이고 산의 스카이라인은 단아하면서 부드럽게 이어졌다. 비 개인 뒤의 산의 모습은 또 다른 신비로움으로 다가선다. 골짜기마다 안개로 싸여 유현(幽玄)히 깊기만 하다. 우뚝 솟아 거느리며 위압하는 그런 모습은 하나도 없다. 거만함이 없는 다소곳한 산들은 서로서로 감싸 안고 감싸 주고 하면서 포근하게 하나가 된 분위기다.

봉우리마다 나무로 뒤덮여 있어 눈 아래 산들은 일대 푸른 수해(樹海)를 이루고 있다. 도심에 이런 봉우리들을 첩첩이 보듬고 있는 산이 있다니….

단풍은 그 절정을 지난 지 오래건만, 가을빛의 여운은 은은히 남아 산에는 늦가을의 정취가 있었다.

승가사는 마침 불자(佛者)들의 서화전(書畵展)이 열리고 있었다. 산중에 이런 행사가 있다는 것은 뜻밖이었다. 부단히 무엇인가를 추구하며 창조해 나가는 사람의 행위는 아름답다.

대웅전 아래쪽 과히 넓지 않은 경내에는 거대한 하얀 불상이 하늘 높이 솟아 있었다. 솟아 있는 불상은 주위의 오목한 산세에 비해 너무 커버려서 조화를 잃은 느낌이 들었다.

대부분 산속에 짓게 되는 이러한 절의 불사(佛事)는 자연을 해치지 않고 자연스런 형태로 이루어져야 하지 않겠나 하는 생각이 들었다. 높고 큰 것만이 좋은 것은 아니다. 조화나 분위기보다는 요즘은 거의 모든 것에 외관이나 권위를 앞세우는 느낌이 든다. 특히 건물에 있어 그것이 종교 건물이건, 상업용 건물이건 또는 개인 주택이건 할 것 없이 무턱대고 대형화되어 간다. 주위와의 어울림을 생각지 않고 이루어지는 이러한 현상은 사회 전반이 어딘가 그 속이 비었기 때문에 내용보다 형식을 과도하게 추구하게 되는 일종의 허세에서 오는 현상이 아닌가 하는 생각이 든다.

오늘은 이래저래 기분이 과히 좋지 않다. 둘이는 나무 밑에 앉아 가지고 온 도시락으로 간단히 요기를 하고는 그만 하산하기로 했다.

승가사까지는 차도가 시멘트로 아무렇게나 포장되어 있었다. 우리는 산등성이에 가느다랗게 열려 있는 오솔길을 걸어서 내려올 생각으로 좁은 길로 들어섰다. 나무를 헤치며 내려가는데 하나 둘 제법 사람들이 심심찮게 내려가고 있었다. 오솔길은 의외로 오밀조밀 재미있는 길이다. 이름 모를 나무들이 산과 골짜기에 가득 차 있었고 오솔길은 고불고불 나무 사이로 숨었다 나타났다 하는 것이 산길다웠다.

"어머! 이런 길이 있는 것을 몰랐구나. 다음에는 올라올 때도 이 길로 오자."

"그래, 이 길이 산행길로서는 정취가 그만이야!"

점점 발걸음이 가벼워졌다. 콧노래도 부르면서 얼마쯤 내려가다 보니 이대로 그냥 후딱 내려가기가 아쉬워졌다. 우리는 배낭을 내려놓고 다시 자리를 폈다. 과일을 깎으며 이 길을 택한 것을 재삼 기뻐하면서 이야기꽃을 피우기 시작했다. 소담스런 꼬랑지에 털이 새까만 청설모가 우리 가까이에 와서 오물오물 사과 껍질을 먹고 있다.

산속은 고즈넉하고 도란도란 우리들 이야기는 끝이 없었다.

얼마나 지났을까? 으스스 늦가을의 한기가 느껴졌다. 나는 장갑이라도 낄 양으로 호주머니를 뒤졌다. 그런데 장갑과 함께 웬 파란 유리 조각이 따라나왔다. 이게 뭐야? 요즘은 감각도 한 템포 늦어져서 얼른 감이 잡히지 않았다.

"아니! 이건 내 안경알이잖아."

나는 소리쳤다. 그때 나는 선글라스를 쓰고 있었던 것이다.

친구는 그제서야 놀란 목소리로 "애! 너 한쪽 눈이 뻥 뚫려 있지 않아…." 폭소가 일시에 폭발했다. 둘이는 요절복통하기 시작했다. 웃음소리는 하늘에 닿았다. 먹는 것이고 뭐고 다 내버리고 허리를 휘어잡았다. 폭소는 그칠 줄 몰랐다. 웃고 웃다가 둘이는 눈물까지 흘리며 가까스로 웃음을 추슬렀다.

그런데 이때 난데없이 친구가 정색을 하고 목소리를 가다듬더니, 마치 추리소설에 나오는 탐정처럼 이렇게 말하는 것이 아닌가.

"그렇다면 넌 처음부터 한쪽 알이 빠진 것을 썼다는 얘기잖아?"

그렇다. 나는 외알박이 선글라스를 쓰고 산속을 이리저리 돌아다닌 것이다. 둘이는 또다시 새로운 폭소에 휘말렸다.

몸을 가눌 수 없이 웃음은 파도처럼 밀려오고 또 밀려왔다. 우리들 웃음소리는 온 산에 퍼져 나갔던 모양이다.

"아니, 아주머니들 웃음소리에 북한산이 들썩들썩합니다."

40대 중반쯤의 건장한 남자들이 지나다가 한마디 던지고 간다. 그러나 어찌하랴! 웃음이 멈추어 주지 않는 것을.

통쾌하게 웃는다는 것은 행복한 일이다. 우리는 오랜만에 통쾌하게 마음껏 웃어 젖혔다. 근래에는 좀처럼 웃을 일이 없다. 통쾌하게 웃을 일은 더더구나 없다.

한때 우리 사회에서는 스마일운동을 벌인 때가 있었다. 얼마나 사람들이 웃지 않았으면 이런 운동까지 벌였겠는가?

조선조에는 해학(諧謔)이 있었다. 재상 이항복(호 백사(白沙))과 이덕형(호 한음(漢陰))은 그 대표적인 인물로 3백여 년의 세월이 흐른 오늘에 와서도 그분들의 해학은 우리들로 하여금 웃음을 자아내게 한다. 지금은 도무지 해학이 없는 시대다. 그것은 시대의 탓도 있겠지만, 나는 인물의 빈곤에 더 큰 이유가 있다고 본다.

하기사 오늘날 백사나 한음과 같은 인물이 있다 한들 사람들이 그 해학을 이해하려고나 하겠는가?

한마디로 우리는 웃음도 없고 웃을 줄도 모르는, 멋이 없고 정이 없는 삭막한 세상에 살고 있다. 남을 웃을 수 있게 하려면 먼저 그 사람을 사랑하는 마음이 작용해야 한다. 각박한 인심과 냉랭한 세상 속에서 모르는 사람에게까지 웃음을 줄 수 있는 훈훈한 마음을 가진 사람이 몇이나 될까? 요즘은 남에게 말을 걸기조차 두려워졌다. 그 되돌아올지 모르는 냉랭함이 무서워서다. 서로가 마음의 문을 열면 될 터인데, 그것이 잘 안 된다. 나도 그 옹졸한 사람들

중의 하나다.

이 무식하고 부끄러운 이유 없는 적대감을 어떻게 고쳐 나갈 것인가?

따뜻한 웃음으로 모든 사람을 대할 수 있는 상냥한 품성과 교양은 하루 이틀에 갑자기 될 일은 아니다. 하지만 이러한 품격 있는 사람이 되는 것이야말로 우리 모두가 바라는 바다.

사회도, 개인도 마음의 여유를 갖는 풍토를 만들어 가야 한다. 그래야만 나라도 여유로운 금도(襟度) 높은 큰 나라가 될 것이 아닌가.

사회가 복잡하고 다양하게 발전하다 보니, 오늘날에는 웃음을 연구하는 학문도 있다. 젤로톨로지(gelotology)가 그것이다. 젤로톨로지는 웃음 그 자체와 웃음의 효과 등을 연구하는 학문이다.

젤로톨로지스트에 의하면 사람이 신나게 웃으면 인체의 182개 근육 기관이 격렬하게 운동을 하며, 그 미치는 효과는 거의 전신운동을 한 것과 같다고 한다. 또 신나게 웃으면 혈액 속의 백혈구가 30퍼센트 가량 증가하고, 타액 속에서도 살균작용을 하는 글로불린A가 15퍼센트 가량이나 증가하여 질병에 대한 저항성이 높아져서 건강에 대단히 유익하다는 것이다.

영국에는 웃음으로 질병 치료를 하는 '웃음소리 클리닉', 즉 웃음 병원까지 있다고 한다. 선진국에서는 이미 웃음의 효과를 실용화하고 있는 것이다.

유쾌하게 웃는 웃음은 우리들의 심신을 깨끗하게 정화시켜 주며 인간사(人間事)의 굳어 버린 고리를 부드럽게 풀어 주기도 한다. 서로가 인정 어린 눈빛으로 환하게 웃으며 사는 세상, 그런 세상에서 사람들은 행복하게 살고 싶은 것이다.
 하산길의 발걸음은 더욱 경쾌했다.
 아! 오늘은 체내에 엔돌핀도 많이 축적되었을 것이 아닌가!
 산을 다 내려오니 늦가을의 짧은 해는 이미 서산으로 기운 지 오래고, 거리에는 어둠이 짙게 깔리기 시작했다.
 우리는 집으로 발걸음을 재촉했다.
 참으로 오랜만에 모두를 잊고 어린아이처럼 마음껏 웃을 수 있었던 오늘의 폭소는 앞으로 오래오래 하나의 즐거운 사건으로 우리들 기억에 남을 것이다.

이름은 운명인가

　우리는 때로 이름만으로 그 사람의 인품까지도 유추(類推)해 보는 경우가 있다. 그만큼 사람의 이름은 강한 상징성을 갖고 있다고 할 수 있다.
　어떤 사람들은 이름이 그 사람의 운명까지도 좌우한다고 믿는다. 그래서 그들은 소위 유명하다는 작명가를 찾아가 소중하게 이름을 지어 받기도 한다.
　옛날에는 유장한 양반 사회의 풍류에서 오는 것일까? 이름도 연령에 따라 달리 지었다고 한다. 갓 태어난 아이는 아명(兒名)이라 하여 귀엽고, 밝고, 장난기마저 느끼게 하는 치기(稚氣) 어린 이름을 지어 받는다. 남자아이들은 나이 열다섯쯤 되면 어른이 되는 관례(冠禮)를 치르면서 호패(號牌)를 차게 되는데, 이때 관명(冠名)이라 하여 또 하나의 이름을 받는다.
　그러나 이 본명은 함부로 부르지 않는다.

그들은 본명 외에 스스럼없이 편하게 부를 수 있는 자(字)를 지어 서로 주고받으며 멋을 부린다. 그러다가 그것으로도 성이 차지 않는지 이번에는 또 있는 운치를 다 짜내어 아호(雅號)를 짓는다. 우리는 그러한 아호에서 그 사람의 문학적인 아취와 인생관을 엿볼 수 있다.

고요히 품고 있는 동양사상의 정취의 한 면을 보여 주는 예(禮)와 예(藝)를 갖춘 그 시절의 이름 문화에 경의를 표하면서 문(文)을 숭상하던 그분들의 법도 있는 은은한 삶이 부러워진다.

초연한 자존(自尊)과 호연지기(浩然之氣)로 어려운 생을 어렵다 하지 않고, 흐르는 세월 속에 유유히 살다간 우리 선조들의 격조 높은 삶을 나는 흠모한다. 이러한 우리 전통의 고유한 멋은 전원적인 농경 사회가 무너지면서 사라져 갔다.

도도히 흘러가는 역사의 물결을 뉘라서 막을 수 있겠는가. 다만 영원히 변하지 않는 것은 부모님들의 자식 사랑하는 마음뿐, 오늘날에도 우리네 부모님들은 지극한 애정으로 아기의 이름을 짓는다. 그러나 그렇게 정성스레 지어진 이름들이건만 막상 이름의 주인은 별로 탐탁하게 여기지 않을 때가 있다. 바로 그런 부류에 내가 들어가니 어쩌랴.

처음 내게 붙여진 이름은 아명으로만 끝나 버린 '슈섬'이다. 조부님이 지어 주신 이 이름의 토속성이 아버지 마음에 안 드셨던 모양이다. 그래서 또 하나 지어진 이름은 일본에 유학중이시던 숙부님의 작(作)이다. 사랑하는 아버지께서 지어 주셨더라면 하는 아쉬움이 간절하다.

일찍 돌아가신 아버지께 받을 수 있었던 이 유일의 정표마저 받지 못한 것을 나는 두고두고 안타까이 생각한다.

숙부는 2층 하숙방에서 창문을 열고 이국(異國)의 밤하늘을 바라보았다. 눈에 가득히 수많은 별들이 쏟아져 들어왔다.

창공에 빛나는 별무리들, 은하수가 길게 흐르고 있었다.

숙부님은 내 이름을 '은하'라고 지었다. 그런데 이 이름은 불행히도 오래 가지 못했다.

식민지하에 소위 창씨개명이라는 것을 하면서 은하는 백천(白川)이라는 새로운 성과의 부조화로 사라지고 내 이름은 유행에 따라 수자(秀子: 히데꼬)가 되었다. 나는 이 이름으로 초등학교(국민학교)를 다녔다. 친구들과 이 이름으로 뛰놀았고, 이 이름과 더불어 자랐났다. 하늘하늘 피어나는 내 꿈의 왕국도 이 이름 속에 있었다. 그때 나는 내 이름에 대하여 긍지를 갖고 있었고 애착 또한 대단했다.

이러한 내 분신 같은 이름을 하루아침에 버릴 수는 없었다.

"도로 은하로 할까?"

해방을 맞이한 며칠 후 어머니는 말씀하셨고, 나는 바꾸지 않겠다고 떼를 썼다. 결국 그대로 두기로 결정이 난 얼마 후였다.

"그런데 엄마, 우리말로 하면 무어라고 불러요?"

마당에서 빨래를 널고 계시던 어머니는 아무렇지도 않게 발음하신다. 나는 처음 듣는 내 이름에 놀랐다.

"예? 수자라구요?"

그 맥빠진 발음이라니, 그때의 실망과 낭패스러움은 지금도 생생하게 느껴질 정도다.

아! 어머니는 발음상의 미(美)를 미리 깨우쳐 주셨어야 하는 건데….

 감수성이 예민한 여학교 시절 나도 누구 못지않게 애국심에 불타는 순수한 열정의 학생이었건만 일본 냄새가 물씬 나는 이름 때문에 언제나 떳떳하지 못했다.

 이름에 대하여 유별난 관심을 갖게 된 것은 이때부터이고 따라서 좋은 이름을 가진 사람을 보면 늘 부러웠다.

 우리나라 역사상의 인물 중 내가 유독 좋아하는 몇 분의 이름이 있다.

 조선조의 대학자 우암(尤庵) 송시열(宋時烈), 선생의 이름에서 느끼게 되는 학자다운 풍모도 좋지만, 더 좋은 것은 이름이 내는 그 소리의 부드러운 운율(韻律)에 있다. 송(유성음)+시(유성음)+열(설측음)의 음들이 부드럽게 이어진다.

 잔잔한 친밀감으로 우리에게 편안함을 주는 다산(茶山) 정약용(丁若鏞), 언제나 백성의 편에 서서 학문을 하셨던 실학의 대가답게 그의 이름이 주는 의미성(意味性) 또한 단단한 의지를 나타낸다.

 쇠붙이처럼 강한 용(鏞)에 젊은 약(若)에 사나이 정(丁)이라는 이름이 말하듯 그는 가히 혁명적이랄 수 있는 강한 학자였다.

 고산(孤山) 윤선도(尹善道)의 문학적 분위기는 저 당(唐)의 두보(杜甫)와 닮아 있다는 생각을 하게 되는 것은 그들이 다 같이 고고하기 때문이리라.

 그 고산(孤山)처럼….

 당대의 문장가로 타의 추종을 불허한 송강(松江) 정철(鄭澈)은 그 화려하고 활달한 문장에서 오는 여운인지 그의 이름은 넉넉한 풍만감과 호방함을 풍긴다.

이분들의 이름은 아호와 이름을 붙여서 부를 때 더욱 멋스럽다. 그것은 문자가 내는 음(音)의 조화와 문자가 품고 있는 뜻이 함께 어우러져 빚어내는 한자 문화의 심오한 지적 품격이다.

높은 문학적 기품이 엿보이는 가냘프고 아름다운 이름 허난설헌(許蘭雪軒)이나 모성과 덕성이 함축된 듯한 신사임당(申師任堂), 이분들 모두에서 한결같이 느끼게 되는 것은 이름이 발음상으로 매우 유순하고 조화롭다는 것이다. 미(美)와 덕(德)은 이처럼 무리하지 않는 자연스러운 조화로움에 있는 것인가 보다.

이름 때문에 인물이 솟은 것인지 인품 때문에 이름이 돋보이는 것인지 알 수는 없지만 나는 그들의 인품과 이름을 좋아한다.

근래에 와서 멋이 있다고 생각하는 이름으로 작가 전혜린(田惠麟)이 있다. 어떤 운명적인 암시가 번득이는 강렬함이 느껴지는 이름이다. 그는 우리 시대에 뛰어난 지성이었다. 주옥같은 글들을 남기고 홀연히 떠나간 짧은 생은 생각할수록 애석한 일이다.

가까이는 조부님의 존함을 좋아한다. 조하문(趙夏文), 조부님은 평범하게 글만 하시다 가신 분이다. 찰방(察訪)이라는 관직을 받았으나 부임조차 하지 않고 일거에 던져 버리신 할아버지의 날카로운 결단은 통쾌한 일화로 남아 있다.

규칙적이고 절제된 생활로 83세의 수로 돌아가실 때까지 상투를 꽂고 계시던 할아버지는 조선조 말의 선비의 자세를 끝까지 잃지 않으셨다.

나는 또 외람되게 수필을 하시는 우리 교수님의 존함을 들지 않을 수 없다.

강범우(姜凡牛), 평범하면서 결코 평범하지 않은 모던한 멋마저 풍기는 멋스러운 존함이시다. 사람이 이름을 닮는 것인지 교수님은 오늘도 존함이 뜻하는 바처럼 묵묵히 공부하시면서 글을 쓰신다.

 이름은 그 사람의 모든 것을 대변한다. 이름에는 그 사람의 역사가 숨어 있다. 사람들은 이름의 명예를 지키기 위해 때로는 목숨마저 걸 때도 있다. 그만큼 이름의 가치는 엄숙하다.

 이름에는 또한 냉철한 속성이 있어 무리하게 드날리려고 하면 그만 추락하고 만다. 양명(揚名)에만 급급하다 보면 이름의 임자는 추한 인간이 되어 버린다.

 삶을 귀중하게 살다보면 이름은 자연히 귀하게 되는 법, 성실한 삶이야말로 좋은 이름이 되는 첩경이 아니겠는가.

 이름은 운명일 수는 없다. 그러나 우리가 운명을 개척해 나가듯 이름도 손상되지 않도록 가꾸어 나가야 한다.

 이제 세월을 살다보니 이름의 단순한 아름다움보다는 이름이 갖는 진정한 의미를 어떻게 참되게 지켜 나갈 것인가 하는 소박한 소망만이 커다란 명제로 다가온다.

일본 인형·1

　일본문화원의 정갈한 분위기는 그 국민성을 반영하고 있다. 어떤 곳에서나 어떠한 상황에서나 그 나라가 가지고 있는 품격은 풍기기 마련이다. 전시실 한 쪽에 다소곳이 놓여 있는 보랏빛 '난' 화분도 고상한 분위기를 한층 돋우어 준다. 전통 음악이 잔잔히 흐른다.
　제일 먼저 눈에 띄는 인형은 높이 70~80cm 정도의 거의 실물에 가까운 여자 어린이의 인형이다. 이 인형은 1927년 미국과 친선 외교로 일본이 미국에 답례로 보냈던 인형을 그때 그것과 똑같이 만든 역사적인 인형이다. 어린 여아의 의상은 일본 특유의 복숭아빛 도는 분홍색으로 문양과 색상이 화려하고 아름답다. 또렷하고 도드라진 얼굴 표정, 새까만 윤기 나는 머리, 단정하게 매어져 있는 노란 가슴띠, 거기에는 조그마한 예쁜 쥘부채를 꽂았다. 이 작품에는 이치마스인형[市松人形]이라는 명칭이 적혀 있는 것으로 보아 일본에서도 유명한 작품임을 알겠다.

그런데 나는 이 작품 앞에서 마음이 착잡하다. 1927년이라면 우리가 일본에게 나라를 빼앗긴 참담한 시기다. 우리를 국제사회에서 밀어내고 그들은 미국과 인형을 주고 받으며 친선이라는 이름으로 외교를 하고 있었다니 이러한 국제 외교의 양면성은 오늘날에도 면면히 이어져 내려오고 있다. 힘을 잃으면 나라든 개인이든 이러한 얄팍한 양면성을 겪기 마련이다. 우리 선조들이 직접 또는 간접으로 알게 모르게 당했을 수많은 굴욕과 수모를 생각하니 새삼 가슴이 메인다.

춘휘(春暉)라는 이 귀여운 작품은 따뜻한 봄볕 아래 아기가 놀고 있는 작품이다. 발가숭이 아기는 걸음마를 떼려는지 위태위태하게 엉거주춤 섰다. 흔히 보는 아기들의 정겨운 모습이어서 웃음이 절로 난다. 아기의 보드라운 투명한 피부를 그대로 살려냈다. 아기는 아지랑이라도 잡으려는지 조그마한 손을 허공에 내밀고 있다. 따뜻한 봄날 아기는 한 송이 화사한 꽃이다.

여기 이 초진(初陳)이라는 작품은 제목부터가 긴장감이 돈다. 번쩍이는 금속 편린(片鱗)이 겹겹으로 쌓인 갑옷에 독수리 날개 같은 금빛 찬란한 투구를 썼다. 손에는 묵직한 검을 꽉 잡고 당당히 앉아 있는 어린 무사(武士)는 지금 막 첫 전투에 출진(出陳)하는 비장한 순간이다. 투구 아래로 내비치는 다부진 얼굴에는 전의(戰意)가 넘친다. 일본은 인형을 통하여서도 어린이에게 씩씩한 무사혼(武士魂)을 가르치고 있음을 알 수 있다.

긴 무사 전통을 가지고 있는 나라답게 전시실에는 갑옷 입은 무사 인형이 여럿 전시되어 있다. 교토[京都] 인형의 장인(匠人)이

만든 대장 무사는 육중해 보이는 청동빛 갑옷과 투구로 무장하고 있다. 등에는 화살을 꽂고 손에는 칼과 쥘부채를 들었다. 무사는 결연한 모습이다. 제작자의 열정 어린 예술혼이 무사에 생명이라도 불어넣었는가 무사 대장은 온몸으로 역전의 관록을 발산하고 있다. 대장다운 중후한 모습에는 무사의 정신이 묵직히 깔려 있다. 이 인형의 격(格) 높은 작품성을 증명이라도 하듯 인형에는 제작자의 이름과 감제자(監製者)의 이름이 나란히 붙어 있다. 그들은 인형 공예를 철저한 고증과 엄격한 심사 제도를 거치면서 예술 문화의 한 분야로 격상시키고 있었다. 화살 끝에 꽂힌 작디작은 촉, 인형이 신고 있는 신발의 끈에 달려 있는 개미알만 한 금속 장식, 가느다란 허리띠에 달린 머리카락같이 가는 아름다운 술 등 자세히 들여다보지 않으면 눈에 잘 뜨이지도 않는 좁쌀만 한 것에까지 정성을 다한 정직한 완벽성과 혼신을 기울인 뛰어난 기능에 놀라지 않을 수 없다. 특히 이 모든 것들은 모양뿐만 아니라 그 재질까지 먼 옛날 그 시대의 것과 똑같이 만들어졌다는 것에 나는 숨까지 막혀 버렸다.

　대장 무사의 손에 들린 칼과 부채는 근엄함 속에서도 전투와 동시에 평화를 의미하는 것 같아 보는 사람의 마음을 부드럽게 한다.

　창작 인형으로 팽이 치는 소년이 있다. 쥐꼬리만 한 머리 꼬리가 하늘로 치솟았다. 팽이채를 잡은 손도 토실토실한 한쪽 다리도 공중에 깡충 날아올랐다. 얼굴은 가무잡잡한 것이 동양 아이답게 동그랗다. 눈은 떴는지 감았는지 애교스럽게 작다. 납대대한 코에 통통한 볼에 쫑긋 내민 입이 딱 개구쟁이다. 돌리던 팽이를 조그마한 손바닥에 용케 받아 올려 살려 놓고 아이는 사뭇 자랑스러운 표정이다. 해맑은 아이들의 웃음소리가 들려올 것만 같은 작품이다. 이처럼 천진한 동심의 세계는 세계 공통으로 즐겁고 그리운 세계다.

일본에서 인형은 단순히 어린이를 위한 완구로 그치지 않고 하나의 미술품으로 생활 속에 밀접히 확대되어 가고 있다고 한다.

양식(良識) 있는 기준으로 작품이 정당하게 평가받을 때 예술가의 창작은 마음껏 꽃필 수 있는 것이다. 생활에 깊숙이 자리 잡고 사랑을 받게 된 인형 공예가 예술문화로서 당당히 한 자리를 굳히게 된 것도 이러한 선진국다운 문화적 풍토의 뒷받침이 있음으로써 가능했으리라 본다.

그들의 높은 수준의 예술가적 기질과 전통을 지켜 나가는 자부심 강한 노력으로 오늘날 세계 제일의 위치에 있는 일본의 인형 문화가 부럽기 그지없다.

일본 인형·2

인형(人形)을 단순한 아이들의 장난감쯤으로 알고 있었던 나는 전시장에 들어서는 순간 자신의 무지에 주눅이 들고 말았다. 이렇게까지 섬세하고 정교하고 품격 높은 예술의 경지에 올라 있는 줄은 미처 몰랐다. 인형의 조그마한 얼굴이나 몸매에서 마치 살아 있는 생명체에서처럼 감정의 흐름마저 느낄 정도다.

일본의 에도 시대 초기의 여인 모습을 그대로 재현해 놓은 교토 [京都] 인형은 대단히 호화로운 의상을 입고 있다. 최고급 옷감에 대담한 무늬가 아름답다. 하얀 갸름한 얼굴에 높이 빗어 올린 머리, 거기에 꽂혀 있는 간결한 머리꽂이, 마루에까지 흐르는 긴 의상 등 우아하면서도 절제된 기품 있는 여인상이다.

헤이안 시대(800~1220 AD) 남녀 귀족의 인형 한 쌍은 전시된 인형 중에서도 유난히 작다. 그들이 입고 있는 옷은 그 시대 옷을 완벽하게 살려낸 것으로 당시 귀족의 복식 문화를 고증하는 자료로 대단히 중요하다고 한다.

여기 우리의 시선을 차분히 이끄는 여인 인형은 제목이 "외출을 위해서"이다. 인형은 일본 여인 특유의 무릎 꿇은 자세로 다소곳이 앉아 수줍은 듯 외출 준비를 하고 있다. 부드러운 아이보리색에 금빛 문양이 잔잔히 박혀 있는 감색 띠[帶]로 마무리한 여인의 옷 또한 고상하기 그지없다.

일본 여인의 조용하고 단아한 모습을 그대로 나타낸 이 인형은 여성미의 극치를 보여 준다.

인형은 현실로 다가오면서 지금의 내 거칠은 모습을 부끄러이 되돌아보게 한다.

여성이 점점 남성화되어 가는 요즘 세태다. 시대가 변하면서 급격히 우리 곁에서 사라져 가고 있는 정갈하고 수줍음 많던 그 시절 동양 여인의 모습을 인형은 아련히 회상하게 한다. 여인 인형은 우리들의 꿈속의 여인이다.

일본은 인형의 왕국답게 그 종류가 참으로 폭넓다. 동화 속 인물이나 아이들의 놀이, 살아가는 사람들의 일상의 생활 모습, 그리고 중국 전래의 설화에까지 이른다. 인형의 제작 기법 또한 다양하다.

그중 하나인 고홍[胡粉] 세공법은 굴껍질을 가루 내어 아교로 반죽하고 그것을 고도의 세공법으로 조각하여 만드는 기법이다. 이러한 제작 기법인 교토 인형은 장인의 혼이 깃들어 있는 듯, 우리는 이들 인형에서 생명감마저 느끼게 된다.

"어머 요건 또 뭐야 아이구 예뻐."

입속으로 탄성을 지르며 다가간 동사자(童獅子, 와라베시시) 인형은 고흥 세공법으로 만들어진 아기 인형이다. 빨간 사자탈을 머리 위에 받쳐들고 아이는 혼자 천진하게 놀고 있다. 그 귀여운 천진한 눈매에 나는 넋을 잃었다. 아이의 머리 위에서 사자는 사나운 이빨을 하얗게 드러내고 더없이 즐거운 표정이다. 한쪽 눈으로 빼꼼히 내다보는 사자의 까만 눈동자도 찡긋 웃고 있다. 아이의 천진함이 사자의 난폭성마저 녹여 버린 것일까. 아이의 여리디여린 통통한 팔다리는 만지면 튕길 것만 같은 탄성(彈性)이 느껴질 정도다. 도대체 어떻게 이렇게 그 천진한 아이의 눈매며 분홍빛 도는 복숭아 같은 살결을 만들 수 있는지 나는 입이 다물어지지 않는다.

아이와 사자 사이에는 아무런 두려움이나 경계심이 없다. 태고의 자연 모습이 이런 것이 아니겠는가? 사람은 모두 순수에 대하여 본능적으로 향수를 갖고 있다.

동사자 인형은 그러한 때문지 않은 순수 그대로를 표현한 걸작 중의 걸작이다. 아이의 천진한 맑은 눈은 참으로 압권이었다.

분라쿠 인형은 가부끼, 노 분라쿠 등 일본 고전극 중에서 명성이 높은 인물을 인형화한 것이라 한다. 독특한 조명 아래 여기 괴기스러운 몸짓으로 춤을 추는 사자(獅子) 부자(父子)의 인형도 그러한 분라쿠 인형의 하나로 그 강렬한 모습이 사람을 섬뜩하게 한다.

아버지 사자는 순백색 머리털이 허리까지 덮어 내렸다. 화려한 무늬의 은백색 의상을 걸치고 춤을 추고 있다. 사자의 눈은 깊숙한 머리털 저 속에서 비수처럼 번뜩인다. 보는 사람이 오싹해진다.

이에 질세라 아들 사자도 대단하다.

불붙는 듯한 산더미 같은 머리털로 온몸을 휘감고 힘의 상징처럼 붉은 금빛 찬란한 옷을 입은 아들 사자 역시 아비 사자처럼 춤을 춘다.

일전을 불사할 듯 살기등등한 눈빛이 으스스하고 한쪽 다리를 높이 들고 있는 그들의 동작 또한 공포감을 준다. 독기 품은 푸르스름한 얼굴빛도 살기 어린 몸짓도 무시무시하기는 부자가 똑 닮았다.

지금 이들 부자는 그 어떤 비극적인 상황 속으로 치닫고 있는 듯하다. 부자 인형은 마치 무서운 무대 연극을 관람하는 기분이다. 괴기감을 뛰어난 미적 감각으로 승화시켜 그 어떤 극적인 비장미를 창출해 낸 차원 높은 작품이다. 작가의 우수한 능력이 그저 놀랍다.

일본에 있어 인형은 전통을 이어 나가면서 거기에는 사람 살아가는 이야기까지 녹아들어 있다.

일본 인형은 단순히 흉내낸 모형이 아닌 꿈틀대는 생명 같은 것을 품고 있었다. 그들은 전통을 이어 가는데 아주 강한 국민성을 가지고 있고 거기에다 뛰어난 재능까지 겸비하고 있다. 한치의 타협도 허락하지 않는 오로지 순수한 예술혼만으로 그들은 인형을 생명체처럼 탄생시키고 있었다.

일본 인형은 참으로 훌륭하다.

이번에 그 귀한 인형의 진수를 아낌없이 우리들에게 보여 준 일본문화원의 정성 어린 기획과 전시에 깊이 감사를 드린다.

아! 동문수덕호(同門修德號)
— 개교 100주년에 즈음하여

　격동으로 점철된 한 세기를 묵묵히 항진(航進)해 온 우리의 동문수덕호!
　국권(國權)을 잃은 민족의 수난기에 창립되어 험난한 길을 온갖 고난을 겪으면서 오늘에 이른 동덕은 이 나라 여성교육사(女性敎育史)에게 커다란 발자취를 남겼다.
　순수한 민족 자본으로 굳건히 걸어온 올곧은 지조(志操)와 그 어떤 것보다도 먼저 사람다운 사람이 되어야 한다고 누누이 강조하시던 조동식(趙東植) 교장 선생님의 훈시는 동덕인(同德人)으로서 자라나는 근간(根幹)이 되었다. 동덕은 특출하게 빼어나지도 않고 또 눈부시게 화려하지도 않은 어디까지나 한국적인 덕성을 품은 교풍을 지니고 있다.
　나는 그런 우리네 어머니 같은 수수한 동덕을 사랑한다.
　내가 갓 입학한 동덕은 해방의 감격으로 학교 전체가 뜨거운 열기에 휩싸여 있었다.

국가 건설이라는 역사적 위업에 역군(役軍)으로서 선생님들은 이 나라 2세 교육에 의욕이 넘쳐 있었고 우리 또한 희망에 가득 차 그러한 선생님들을 힘껏 따랐다. 학교는 하루하루 새로운 것을 모색하며 역동적으로 내닫고 있었다.

그때 막 신축 중이던 새 교사가 완공되어 우리 1학년은 입학과 동시에 새 교사에서 공부하는 행운을 누렸다. 새 강당에는 주(週) 1회 반드시 조회가 있었고 그로 인하여 학교 기강이 더욱 다져졌고 그러면서 은연중에 동덕만의 개성이 형성되어 갔던 것이리라. 학교에서는 저명인사들의 초청 강연을 수시로 열어 우리의 의식을 바르게 이끌어 주었다. 작은 규모의 심포니 연주도 또 유명 성악가의 노래도 우리는 모두 이 멋진 강당에서 감상하며 음악에 대한 수준을 키워 갔다.

휴간 되었던 학교 교지가 몇 년만에 다시 복간되고 문예반 활동도 남학교와의 교류까지 추진되면서 시, 단편소설, 논단에 이르기까지 다방면으로 활발하였다.

학교 예술제 또한 명동에 있는 시공관(市公館)에까지 진출하여 대성황을 이루었다. 밀려드는 남학생들의 꽃다발 공세를 물리치노라 진땀을 뺐었다는 선생님의 공언(公演) 후일담에 우리는 일제히 아쉬운 함성을 지르기도 했다.

좁은 운동장은 정구 치는 풋내기들로 늘 붐볐고 농구대 앞에는 상급생 언니들이 땀에 범벅이 되어 연습에 열중하고 있었다.

겨울에 학교에서는 운동장 한편에 아이스링크를 만들어 주었다. 링크는 싱싱한 젊음으로 왁자지껄하다. 부딪히며 넘어지며 깔깔

거리는 해맑은 웃음소리가 차디찬 하늘에 높이 높이 퍼져 나갔다.

그 당시 우리 학교는 각종 운동에 두각을 나타내고 있었다. 특히 탁구는 타의 추종을 불허했다.

전국 탁구대회가 우리 학교에서 열렸을 때 우리들은 대회 기간 내내 타교생들의 경기에까지 열을 올리며 목이 쉬도록 응원에 열광하였다. 때문지 않은 순수함으로 모든 일에 정열을 쏟아붓던 소녀들, 그 발랄하고 희망에 부풀었던 소녀들은 어느 날 갑자기 고난의 나락으로 굴러 떨어지고 말았다.

6·25동란은 소녀들을 무서운 공포 속으로 몰아넣었다. 삶과 죽음을 넘나드는 급박한 상황에서 소녀들은 말 한마디 못한 채 산산이 흩어지고 말았다.

피난지 부산에서 어려운 전쟁 중임에도 학교는 다시 문을 열었고 우리는 속속 모여들었다. 낯선 고장에서 초라한 피난민의 처지가 되어 만난 우리는 전쟁이라는 극한 상황의 엄청난 시련으로 그만 소녀기를 훌쩍 건너뛰어 어른스럽게 성숙되어 있었다. 그동안 겪은 기막힌 사연들을 들으며 서로 위로하고 같이 아파하며 그렇게 우리의 만남은 기쁨과 슬픔과 아픔이 교차하는 눈물의 만남이었다.

우리는 임시로 세운 천막 교실에서 비를 맞으며 공부했고 겨울의 바라크 교실은 얼마나 춥던지 덜덜 떨려 글쓰기조차 힘들 정도였다. 그러나 그 당시 공부할 수 있다는 것만으로도 우리는 선택받은 학생이었다.

나는 지금도 천막 교실에서 공부하던 그해 여름을 잊을 수 없다 그날도 여느 날처럼 두어 권 되는 책을 가방에 덜렁 넣고 등교했다.

교정(어느 공장의 마당)에 들어서니 간밤에 미친 듯 불어제치던 광풍에 우리의 천막 교실은 기둥이 뽑힌 채 무참히 쓰러져 있었다. 우리는 책가방을 던져 두고 선생님과 같이 끙끙거리며 천막을 일으켜 세웠다. 비에 젖은 가마니를 골라내는 등 대충 자리가 정돈되어 갈 때 선생님(이갑선 선생님) 눈에서는 홀연히 눈물이 흘러내렸다. 재잘거리던 우리는 순간 숨을 죽이고 그리고 모두 숙연해졌다.

이렇듯 전쟁은 모든 것이 슬픔으로 이어졌다.

세월은 흘러 우리는 피난지 부산에서 눈물 속에 졸업했다. 그 많던 학우들은 모두 어디로 가고 타교의 편입생까지 받아가며 겨우 부산에서 40명 서울에서 40명만이 졸업했다.

입학의 감격으로 빨갛게 상기되어 자랑스럽게 등하교를 같이했던 친구들, 호기심으로 가득찬 눈을 반짝이며 책상을 나란히 하고 공부했던 수많은 친구들이 졸업을 앞둔 우리들에게 갑자기 눈물겹도록 그립게 다가왔다.

졸업의 기쁨을 같이 하지 못하는 지금은 그 생사조차 알 수 없는 꿈많던 학우들을 죄스럽게 떠올리며 우리는 정든 모교를 쓸쓸히 떠났다.

동덕은 내 생(生)에 있어 꿈이고 희망이고 사랑이었다.

긴 세월 속에 가장 아름다웠던 시절, 그것은 내 인생의 꽃이었다.

이제 동덕은 또다시 새로운 1세기를 향해 출범(出帆)을 시작한다.

희망의 닻을 올리는 동문수덕호!

나는 그의 영광스러운 출항(出航)에 힘찬 격려와 찬사를 보낸다. 그리고 여기 나의 간절한 기원을 교가(校歌)의 한 구절로 대신한다.
"하느님이 보호하사 우리 학교 만세"

내 살아가는 의미

나의 문학관이라니 그것은 내게 너무 외람된 제제(提題)이다. 나는 다만 여기에서 내가 문학을 어떻게 사랑하게 되었는가를 어설프게나마 피력함으로써 그 제제에 답하려고 한다.

문학에 대한 내 이야기는 아무래도 우리 어머니로부터 시작된다. 내가 초등학교 3학년쯤 된 무렵 나는 어머니가 들려주시는 이야기 속에서 잠들 때가 많았다.

어머니는 바쁜 중에도 틈틈이 책을 읽으셨다. 그때 우리 집에는 비교적 책이 많은 편이어서 순한문으로 된 『삼국지연의』를 비롯하여 일본 소설에 이르기까지 그리고 내가 읽을 동화책이랑 책장에는 책이 빽빽이 꽂혀 있었다.

농촌 마을의 저녁은 해만 떨어지면 그만 어둠 속에 잠기고 만다. 창살 틈으로 빼꼼히 불빛이 비칠 뿐 기침 소리조차 들리지 않고 사위가 고요하다. 그런 때에 우리 집에는 이웃집 처녀 두세 명이 살그머니 문을 열고 수줍은 듯 마실을 온다. 어머니는 그들에게 어제 읽으신 소설 대목을 마치 요즘의 연속 드라마처럼 나직이 이야기하신다. 처녀들은 한숨을 섞어 가며 바짝 다가앉는다. 커다랗게 부풀은 우리들의 그림자가 방 안 가득히 일렁이고 이야기는 무르익어 간다. 호롱불 밑에서 우리는 모두가 호기심과 기대에 가득차 이야기에 흠뻑 빠져 있었다.

후에 내가 특히 러시아 문학을 좋아하게 된 것도 추운 지방 특유의 묵직하고 질박한 그 분위기가 어린 시절 내 고향집의 덤덤한 듯 그러나 다감했던 겨울밤의 정경을 떠올리게 하기 때문이기도 하리라.

페치카에는 장작이 타고 한쪽에서는 차가 끓고 있는 그런 밤에 모여 앉아 담론을 펴고 있는 러시아인들의 일상생활이 갖고 있는 그 문화적 정서가 나는 참 좋았다. 그때 북쪽 우리 고향집에도 밖에는 함박눈이 소리 없이 쌓여 가고 따뜻한 화롯가에 둘러앉은 사람들은 모두가 순박한 시인이 되어 묵묵히 깊어 가는 밤을 지키고 있었다. 다만 어둑한 방 안에 할아버지 담뱃불만 저만치에서 혼자 빠끔거린다.

아이들은 어른의 영향을 고스란히 받고 자란다. 나는 어머니께서 그토록 흠모하시던 작가 이광수 선생님을 어려서부터 존경하면서 자라났다.

해방 후 서울에 온 지 얼마 되지 않았을 때다. 동대문 근처를 지나다 우연히 하늘을 바라보았다. 빛바랜 단청 탓인지 무척 쇠잔해 보이는 동대문 문루 위로 하늘은 유난히도 눈부시게 파랬다. 순간 나는 작은 소리로 중얼거렸다. '아, 나도 이제 이광수 선생님과 같은 하늘 아래 있게 되었구나.' 어린 가슴이 감격으로 벅차 올랐던 생각이 난다.

옛날에는 글을 모르는 아낙네들도 걸핏하면 "에구 내 살아온 얘기를 글로 쓰면 소설책 몇 권은 되지비."(되지비는 된다의 함경도 사투리) 그렇게 소설은 우리들 생활 속에 친근하게 다가와 있었다. 그러나 지금은 시대가 변하고 더욱이 6·25동란은 그 모두를 해체해 버렸다.

세상은 한숨 쉬는 것조차 한가한 사치로 여길 만큼 무섭게 핍박해져 있었다. 덩달아 내 그 알량한 감수성마저도 어디론가 사라져 버렸다. 나는 학교 교지에조차 글 한 줄 써내지 못하는 아주 둔탁한 여학생이 되어 버렸다.

그 후 어려운 시기가 어느 정도 지나갔음에도 메말라 버린 내 감성은 되돌아오지 않았다. 생활은 번다하게 바빠지고 세월은 쏜살같이 달아났다. 나는 그날그날의 일기조차 잘 이어 가지 못하고 오직 책 읽기에만 몰입했다. 그러나 어쩌다 문득 떠오르는 문학에 대한 그리움은 향수병이 되어 나를 아프게 했다. 멀리서 문학을 바라만 보아야 하는 소외된 사람으로서 나는 얼마나 가슴앓이를 하였던가. 그러다 어느 날 나는 이대로 주저앉을 수는 없다는 결연한 각오로 어느 강의실 문을 들어섰다. 그곳에서 만나게 된 스승님, 스승은 내 운명이었다.

문단의 중진 강범우(姜凡牛) 교수님을 나는 그렇게 뵙게 되었다. 교수님의 지도는 매우 꼼꼼하고 세심하고 그리고 냉철하였다. 그 앞에서 내 작은 자존심 따위는 힘없이 무너지기가 일쑤였다. 그렇게 몇 년이 지나고 나는 느지막하게 그것도 겨우 글 쓰는 대

열의 끝자락에 들어설 수 있었다. 그러나 인간적인 성숙함이 많이 부족하고 문재(文才)와 노력 또한 부족한 내 글은 아직도 미흡하기 짝이 없다. 열과 성을 다해 지도해 주신 교수님께 미안한 마음 금할 길 없다.

행복했던 지난날의 어린 시절을 회상하다 보면 반드시 떠오르는 이광수 선생님, 어린 내게 어렴풋이 문학이라는 것을 감지하게 하여 주신 이광수 선생님은 우리 문학의 여명기를 열어 주신 이 나라 제일의 작가라고 나는 생각한다. 그분의 문학은 암울한 시절 그 계몽적인 대중성으로 일개 촌부인 우리 어머니의 마음까지 널리 감동시키는 어딘가 의지하고픈 점잖음과 지도자적 풍모를 지니고 있다. 어려운 시대를 지나오면서 얼마나 힘드셨을까. 인간적 고뇌에 늘 자책하며 시달렸을 인간 이광수 님을 나는 가슴 아파하며 마음 깊이 사랑한다.

뛰어난 문장력으로 한때 나를 감동의 도가니로 몰아넣던 이태준 선생님, 그분을 생각하면 저 먼 하늘 끝에서 가냘피 빛을 보내고 있는 희미한 별을 보듯이 아련히 슬픔이 인다. 지금 우리 문단에 그토록 특출한 문장력의 작가가 얼마나 될까.

나는 그분의 삶이 너무 안타까워 여기 그분의 단편집 『달밤』(1934년 한성도서 발행, 해금 후 1988년 깊은샘 발행)의 서(序)에서 한 구절 발췌하여 그분의 작가적 면모의 편린(片鱗)이나마 조심스럽게 거두어 본다.

(전략) 더구나 이번에 달포를 두고 주물덕거리다가 이 20편을 고르면서도 나는 하루저녁도 유쾌히 잠들어 본 적은 없다.

문학은 쓰고 또 쓰는 무서운 신고(辛苦)의 작업이다. 끊임없이 고뇌하여 이루어지는 정신적 학문이다.

나는 오늘도 쓰고 또 쓴다. 허약하기 짝이 없는 글을 그래도 쓰고 또 쓰는 것은 내 살아가는 의미가 여기에 있기 때문이다.

능소화는 피고 지고

"능소화가 예쁘게 피었던데요."
"응." 돌아오는 반응은 극히 짧다.

말이 없어도 분수가 있지 하루 종일 가야 세 마디도 많은 편이다. 이상한 것은 그런 일상에 나는 별로 답답함을 느끼지 않는다는 것이다.

몇십 년을 같이 살다 보니 나도 모르게 길들여진 것인지 이제는 오히려 말이 많은 편이 지루해질 정도다. 참으로 기막힌 부창부수다.

그러나 그렇다 하더라도 사람인 이상 무언으로만 일관할 수는 없는 것이 아닌가. 어떤 때 나는 텔레비전에 대고 얘기할 때가 있다. 그러는 나를 그는 영 못마땅해한다.

"아니 테레비하고 얘기하나." 사뭇 한심하다는 어투다.

그러나 나는 그의 기분을 헤아릴 생각은 애초에 없는 것이다.

그의 뼈 없는 발음만이 도리어 한심할 뿐이다.

하루는 내가 그런데ㅡ길게 뜸을 들이며 경상도는 혹시ㅡ일본ㅡ말이 채 나오기도 전에 "뭐어" 정색을 하고 버럭 소리 지른다.

마치 절대지존을 건드리기라도 한 것 같은 반응이다.

그 과잉반응이 오히려 수상하지 않은가. 하긴 상대에게 거부감을 느끼게 하는 내 함경도 특유의 높은 말소리도 문제는 문제다. 가끔 면박을 받으면서도 잘 고쳐지지 않는다.

어쩌다 밖에서 신나는 일이라도 생기면 나는 그에게 이야기하기 바쁘다. 앞뒤 가리지 않고 마구 쏟아놓는다. 이야기에 힘까지 얹혀져 내 말소리는 점점 높아진다. 한참을 듣고 있던 그가 결국 폭발했다.

"좀 조용 조용 말할 수 없나." 느닷없이 내 말의 허리를 툭 끊는다. 그것도 반말로. 허를 찔린 나는 그만 머쓱해진다.

돌아서서 경상도는 아주 어리숙한 것처럼 아주 부드러운 것처럼 어눌한 발음으로 얼버무리면서 둥둥 연관도 되지 않는 이야기들을 이것저것 주워대며 투덜댄다.

그는 못 들었는지 듣고도 못 들은 체하는 건지 말이 없다. 서로가 배려하지 못하는 인격 부족으로 일어나는 유치한 우리 집의 단면이다.

그러나 이제 와서는 설사 유치하다 할지라도 패기 팽팽했던 그 시절이 그리워진다.

함경도 사람들은 대체적으로 높은 소리로 말한다. 거기에다 강한 억양의 사투리까지 겹치면서 본의 아니게 성난 사람으로 오해받을 때가 많다. 나도 뜻밖의 경우를 당할 때가 종종 있었다.

좁은 땅에서도 그 지역마다의 언어라던가 하는 특성이 장구한 세월을 지켜 내려온다는 것은 인간 사회의 뿌리는 어떤 역사나 시류에 영향을 받는 것이 아니라는 것을 알 수 있다.

묵직한 인간의 존엄을 깊이 생각하게 된다.

세상이 급하게 바뀌어 가는 데도 우리 집 그이는 따라가려고 하기는커녕 아직도 전근대적인 사고의 그림자가 약간 어른거리는 고리타분한 생각 속에서 살고 있다. 그런 그가 써놓고 나간 메모다.

"여보 극정 말아요. ○○○에 다녀오리다. 당신의 용이가."

아니 이 무슨 신파조 같은 상황이냐 메모 끝에는 사인까지 멋들어지게 휘갈겼다.

나는 실소보다는 걱정이 앞섰다. 사람이 안 하던 짓을 하면….

몇해 전 수술하고 난 후 몸이 약해진 그다. 이제는 마음까지 약해져 가는 모양이다. 나도 마음이 쪼그라질 대로 쪼그라진 상태다.

점점 우리 곁에서 멀어져 가는 가물가물한 불빛을 놓치지 않으려고 둘이는 허둥지둥 안간힘을 쓰는 요즈음이다.

사람은 어쩌면 자기 자신의 마음도 정확히 집어낼 수 없는 불가사의한 존재다. 오랫동안 삶을 같이 했다 해서 내 어찌 그를 다 안다고 할 수 있겠는가.

사람의 마음은 참으로 불가해하고 그 누구도 도저히 들어가 볼 수 없는 높은 성벽 같은 영역임을 다시 한 번 깨닫게 된다.

늘 부족함이 많은 나는 때로는 그의 속을 상하게 하는 고통을 주기도 했을 것이다. 그의 고독과 쓸쓸한 허허로움을 더욱 깊게 하는데 일조를 하기도 했을 것이다.

돌이켜보면 나는 과연 그에게 좋은 생의 동반자였던가. 후회와 아픔이 가득히 밀려온다.

　구시대의 문투로 적어 놓은 메모에서 나는 그의 깊은 속을 읽으며 그래도 내가 조금은 그에게 도움이 되는 존재였던 것 같아 '아! 다행이다.' 속으로 뇌이며 안도의 숨을 쉬었다.

　서글픔을 주는 그의 나약한 글발을 보며 둘이 함께 가고 있는 우리들의 저물어 가는 황혼기 인생길이 왈칵 슬퍼졌다.

　무심한 듯 덤덤히 살아온 우리들의 평범한 삶이 갑자기 소중하게 너무나 소중하게 우리 앞에 다가왔다.

　능소화는 그 옛날 내가 여학교 때 읽은 어느 소설에서 처음 알게 되었다. 예쁜 토속적인 이름 때문에 기억 속에서 잊혀지지 않았다.

　꽃은 어떻게 생겼을까.

　몇해 전 친구와 같이 산에 갔다 내려오는 길에 길가 어떤 집 앞에 나팔꽃같이 생긴 불노랑꽃이 활짝 피어 있었다. 하도 예뻐 물어보았더니 능소화란다. 처음 보는 능소화에 나는 감격했다.

　능소화는 이름처럼 서민적이면서도 홀겹으로 된 간결한 꽃모양과 탁하지 않은 붉은색으로 도시적인 세련미를 풍기고 있다.

　그 후 산자락에 있는 이 아파트로 이사 와서 나는 능소화를 다시 만났다.

　산에 들어가는 초입에 울타리를 휘감으며 능소화 넝쿨이 조성되어 있었다. 능소화는 만날 적마다 유달리 반갑다. 특별한 정이 느껴지는 꽃이다.

　능소화는 아파트 앞 길가에서도 피어올랐다.

　7월의 이른 여름 능소화가 하나 둘 피어나기 시작할 때 그이와 나는 이 길을 갔다.

어머니가 돌아가셨을 때 나는 밥알이 모래알이라는 것을 알았다.

그 아이가 결혼하던 날 나는 밥 먹기를 거부했다.

이번에 나는 밥을 삼켜 버렸다. 그리고 숨마저 함께 삼켜 버렸는지 나는 죽고 말았다.

능소화가 피는지 마는지 죽은 나는 모른다.

만학(晚學)

'학이시습지(學而時習之)면 불역열호(不亦說乎)아' 배운 것을 때때로 복습하는 것은 어찌 기쁘지 아니하랴!

공자님의 이 말씀은 학문은 부단히 계속하여야 한다는 뜻도 된다.

몇십 년 전에 공부하고는 그냥 버려두면 그 학문은 녹슬고 죽은 학문이 되고 만다.

더구나 지금같이 급변하고 급진전하는 시대에서는 부단히 공부하지 않으면 학문을 하였다고 할 수 없게끔 돼 버렸다. 자칫하면 쓸모없는 학문이 되고 만다.

이것은 자연과학에 있어서나 사회과학에 있어서나 마찬가지다.

이러한 상황에서 오래전에 교육을 받고 학문을 놓아 버린 사람들은 재교육이 필요하게 되었고 또 어찌어찌하다 그 시기를 놓쳐 공부를 계속하지 못하고 한스러워하는 사람들을 위해서도 탄력적인 교육의 길이 있어야 했다.

이러한 시대적 요구에 부응하여 생긴 것이 소위 평생교육이라는 이름하에 다방면으로 열려 있는 교육 기관들이다.

여기에는 학력이 인정되는 방송통신대학교와 여러 산업대학이 있다. 그 외에 각 대학에 부설되어 있는 평생교육원이 있고 또 기관에 소속되어 그 기관에 적합한 인성(人性)을 길러내는 교육기관도 있다. 공무원 교육원이나 기업에 부설된 교육기관이 이에 속한다.

해외에 연수를 보내거나 기관에서 대학에 연수생으로 입학시키는 것 등도 모두 평생교육의 일환이라 할 수 있다. 이 중에 한국방송통신대학교는 그 규모에 있어 가장 큰 교육 기관이다.

1972년 우리나라 최초의 평생교육 기관으로 설립되었고, 서울대학교 부설 2년제 초급 대학으로 개교했다. 그 후 5년제 학사 과정으로 개편되면서 독립하였다.

다시 1992년 4년제로 재개편되어 지금은 5개 학부, 16개 학과의 학부제로 운영되고 있다. 1995년 현재 재학생 수는 196,000명이 넘고 그간에 배출한 졸업생 수는 1994년 현재 137,700여 명에 달한다.

오늘날 평생교육은 세계 각국에서 이루어지고 있다. 영국의 개방 대학을 비롯하여 독일, 네덜란드, 노르웨이, 스페인, 미국, 캐나다, 대만, 태국, 일본 등 여러 나라에서 교육의 기회를 넓혀 가고 있다.

나는 6·25동란이 끝나는 해의 봄에 피난지 부산에서 고등학교를 졸업했다. 학교의 배려도 받아가면서 졸업했으니 경제적으로 대학 진학은 도저히 할 수 없는 처지였다. 그런데도 나는 병약한 어머니의 속을 태우면서 고집을 부렸다. 반항도 하고 몸부림쳤지만 어떻게 할 도리가 없어 끝내는 포기하고 말았다.

그때의 괴로움은 지금 생각해도 눈물이 난다. 결국 다음 해 나는 취직을 하였고, 나의 학문에 대한 동경은 가슴 한구석에 한으로 남았다. 전후의 어려웠던 시절 그 힘겹고 바쁜 생활 속에서 내 나이는 40이 되었다. 생의 중반인 40이라는 나이는 나를 아주 초조하게 만들었다. 한으로만 접어두었던 공부에 대한 집념이 고개를 들기 시작했다.

그러나 실행에 옮기지 못한 채 세월은 또 흘러, 어느덧 나이 50줄에 들어서고 말았다. 내 나이에 내가 놀랐다.

이대로 인생을 끝낼 수는 없다는 생각이 나를 서두르게 했다.

나는 방송통신대학에 들어가기로 결정하고 졸업한 지 몇십 년 만에 모교에 가서 성적 증명을 떼었다.

학과 선택에 있어 망설이다가 농학과에 원서를 제출했다. 농학을 선택한 첫째 이유는 농학이 내게 유용할 것 같았고, 둘째 이유는 학과에 대한 상식이 없어 농학이 쉬운 줄 알았다. 오산이었다.

지원자 수가 많다 보니 농학과도 경쟁률이 거의 3:1에 가까웠다.

입학식을 끝내고 교과서를 받으면서 나는 의욕에 찼다.

집에서도 적극적으로 격려해 주고 나는 마치 인생이 새로 시작되는 기분이었다.

첫 학기에 내 딴에는 열심히 했는데 성적표를 받고 보니 자존심이 상했다. F학점이 두 과목이다. 영어는 올라가서 보려고 포기했기에 당연하지만 국어가 F학점인데는 놀랐다. 아니 국어가 F라니 혹시 성적표가 잘못 배달된 것이 아닌가? 착각할 정도였다. 아무리 깎아도 B학점은 될 줄 알았는데…. 나는 퇴근 후 학교로 달려갔다.

시험지는 볼 수 없고 전산 처리된 결과만 보여 주니 어쩔 수 없이 그냥 돌아설 수밖에 없었다. 얼마 후 학교에서 또다시 성적표가 왔다. 착오로 인하여 다시 통지한다면서 한 단계 올려 겨우 D학점을 주는 것이었다. 성실하지 못한, 매우 무책임한 학교의 처사였다. 그때 재통보 받은 학생이 많았다. 그 후부터 학보에는 반드시 시험 문제의 정답이 발표되었고, 우리는 문제지를 맞춰 볼 수 있어서 자기의 점수는 파악할 수 있었다. 그 후에도 F학점이 여전히 끼어 있는 내 성적은 초라하기만 했다. 나는 다시 마음을 다잡았다. 공부에는 왕도가 없는 것, 전력투구하는 방법밖에 없다. 미친 듯이 공부하지 않으면 안 된다는 것을 알았다.

스터디 그룹에 들고 문제집도 같이 하면서 열심히 하였다. 졸업생 비율이 6%밖에 안 된단다. 그 6% 안에 들지 않으면 계속 뒤처질 것 같아 나는 안간힘을 썼다. 새벽 한 시 두 시까지 공부하고 직장에서도 시간만 나면 남의 이목을 의식하지 않고 책을 보았다.

친척 모임은 물론 친구도 졸업할 때까지 거의 못 만났다. 젊은 학생들은 두세 번 보면 되는 것을 나는 열 번 이상 보아야 하니 시간이 부족했던 것이다.

강의 테이프는 쌓이고 프린트물은 산더미 같다. 학보의 문제집과 부교재 등 온통 문제집 투성이다. 시험 때면 집에서는 아예 저녁 식사까지 하고 들어오기도 하였다. 자율학습이 있다든가 하면 나는 퇴근해서 시간에 대어 가기도 빠듯했다. 아무 데서나 중얼중얼 외우기도 하고 그런 나를 본 사람은 아마 정신이 이상한 여자로 보았을지도 모른다.

다행스럽게도 우리 그룹에는 아주 성실하고 너그러운 우수한 청년이 있었다. 이강환이라고 하는 이 청년은 우리들을 위해 온갖 궂은일을 다하면서 5년간을 한결같이 이끌어 주었다. 나옴직한 문제들을 발췌해서 프린트까지 해주고 과제물이나 논술은 윤곽을 잡아주고 우리들이 미처 이해하지 못하면 자기 공부를 제쳐놓고 우리들을 먼저 가르쳤다.

나는 이 청년의 고마움을 잊지 못한다.

1학년에서 2학년에 올라갈 때 학생의 반 수 이상이 탈락했다. 어렵기도 했겠지만 의지가 약한 탓이라고 생각된다.

나는 출석 수업이 즐거웠다. 교수님들의 강의를 직접 듣는 기쁨. 시험만 없으면 참 좋겠는데…. 학생을 시험으로만 평가한다는 것이 적절한 방법이 아님을 알면서도 달리 평가 방법을 찾지 못하는 것이 현 교육의 맹점이다. 그러나 또 시험이 있기에 그만큼 열성도 있었을 것이다. 사람은 어떤 평가 없이는 성취감을 느끼지 못하는 것이 아닐까.

짧은 기간에 하나라도 더 가르치려는 교수님들의 열성은 정말 고마웠다. 그중에도 특히 인상에 남는 교수님이 몇 분 계시다.

과수학(果樹學)의 고광출 교수님의 강의는 정말 멋이 있었다. 흑판에 하나 가득 포도넝쿨을 삽시간에 그려 놓고 시작하는 강의는 과수에 대한 책도 펴내신 노교수답게 원숙하다. 큰 체구에 어울리게 음성도 우렁우렁하시다. 지금 생각해도 명쾌한 느낌을 주는 명강의였다. 박순직 교수의 육종학 강의는 열의에 찼고, 문원 교수의 화훼 강의는 모습 그대로 깔끔하시다. 화아분화(花芽分化)

에 미치는 일장효과(日長效果)와 온도의 춘화처리(春花處理)에 대하여 강의할 때는 마치 시를 읊는 것처럼 매끄럽게 내려간다.

경제학을 강의하던 어린 교수, 나는 그의 강의를 들으면서 뉘 집 아들인지 정말 똑똑하구나 하며 엄마 같은 생각으로 들었다.

이종훈 교수님의 벼 재배 강의는 잔잔한 억양으로 벼에 대한 애정이 마치 사랑하는 연인을 대하듯 했다. 다수확품종에 대해서도 굳은 신념을 갖고 계셨다.

교수님은 학생들을 사랑하셨다. 늘 애정 어린 마음으로 대해 주셨다. 학생들 모두가 깊이 교수님을 존경했다.

우리 농학과는 수원의 서울대 농대에서 시험을 보기도 하는데 마음이 초조해서 그 아름다운 교정을 한번도 마음 놓고 거닐지 못했다.

시험 출제에 있어서도 교수님들의 개성이 엿보인다. 어렵거나 쉽다거나 하는 것을 떠나서 출제하는 교수님의 마음씀을 우리는 시험 문제에서 읽을 수 있다.

나는 문화사를 두 번이나 F학점을 받았다. 결국 뒤에 다른 과목으로 대체해서 학점을 채웠다.

식물에는 또 사람처럼 웬 병이 그리도 많은지 갖가지 세균의 이름은 마치 로마 황제들 이름처럼 길어서 외우기 힘들었다.

우리는 발음하기도 어렵다고 어린아이처럼 투덜대다가는 스스로들 멋쩍어 깔깔 웃어 젖히기도 했다.

지나고 보니 그 시절이 재미있고 웃음이 난다.

열정이 분출하여 늘 흥분된 얼굴로 서로 격려하던 학우들의 모습이 아련히 떠오른다.

마지막 졸업시험 날, 새벽부터 나와 맞이해 주는 후배들의 격려 속에 시험장에 들어갔다. 지방에서 올라온 대형버스가 즐비하다.

첫 시간에 이종훈 교수님이 들어오셨는데 일일이 이름을 나직이 부르며 격려의 말씀을 해주실 때 나는 그만 가슴이 뭉클했다.

드디어 대단원의 마지막 시험이 끝나고 늦게 집에 온 나는 갑자기 울음이 터졌다.

온갖 감회가 복받쳐 올라 눈물을 하염없이 흘렀다.

나는 학점이 미달된 과목을 채우느라 한 학기를 더하고 1992년 봄, 가족의 뜨거운 축하를 받으며 졸업을 했다.

졸업 후 교수님 한 분 한 분 찾아뵙고 감사의 인사를 드리고, 그리고 나는 이종훈 교수님께 일생 잊을 수 없을 것이라는 말씀도 드렸다.

5년 반이라는 긴 기간을 방송대학생으로서 공부하면서 내 삶은 제2의 인생을 사는 것처럼 활기찼었다. 다만 후회되는 것은 내가 학문을 학문답게 하지 못한 것이다.

공부는 때가 있다. 그때를 놓쳐서는 안 된다.

부득이 놓쳤다면 가능한 한 빨리 도전해야 한다. 그리고 꾸준히 계속해야 한다. 오래전에 배운 것만으로 주저앉아서는 안 된다.

학문은 시대를 앞질러 끊임없이 변천하고 발전하면서 미래를 향해 가고 있기 때문이다.

속후,
그 그리운 이름

발행 | 2018년 12월 17일
지은이 | 조은하
펴낸이 | 김명덕
펴낸곳 | 한강출판사
홈페이지 | www.mhspace.co.kr
등록 | 1988년 1월 15일(제8-39호)
주소 | 서울시 종로구 우정국로 40-1, 4층(견지동)
전화 02) 735-4257, 734-4283 팩스 02) 739-4285

값 13,000원

ISBN 978-89-5794-404-2 03810

※저자와의 협약에 의해 인지는 생략합니다.
※잘못된 책은 바꾸어 드립니다.
※이 도서의 국립중앙도서관 출판예정도서목록(CIP)은 서지정보유통지
 원시스템 홈페이지(http://seoji.nl.go.kr)와 국가자료공동목록시스템
 (http://www.nl.go.kr/kolisnet)에서 이용하실 수 있습니다.
 (CIP제어번호: CIP2018039408)